Johann Georg Meusel

Miscellaneen artistischen Innhalts

Johann Georg Meusel

Miscellaneen artistischen Innhalts

ISBN/EAN: 9783743366510

Hergestellt in Europa, USA, Kanada, Australien, Japan

Cover: Foto ©ninafisch / pixelio.de

Manufactured and distributed by brebook publishing software
(www.brebook.com)

Johann Georg Meusel

Miscellaneen artistischen Innhalts

I.
Biographie des Herrn Johann Heinrich Meil in Berlin, von ihm selbst aufgesetzt.

Weil die simpelste Wahrheit immer mehr aufmuntert, als irgend eine Erdichtung einer Lebensbeschreibung des Künstlers, und weil dergleichen Nachrichten vornehmlich für junge Künstler aufgesetzt werden, damit sie aus denselben sehen können, wie unterschieden die Wege sind, auf welchen so mancher Künstler zum Ziel gelangt, wenn er nur fleißig ist: so will ich nochmals, auf Ersuchen, meine Lebensbeschreibung mittheilen und zu gleicher Zeit, bey meiner Ehre, versprechen, nichts als die Wahrheit von mir und den Verhältnissen, in welchen ich mich befunden habe und noch befinde, zu schreiben.

Ich bin am 29sten August 1729. in Gotha gebohren und war eben ein Jahr alt, als ich mit meiner Mutter nach Altenburg reisete, wo sich mein Vater, Johann Christoph Meil *) schon als Hofbildhauer befand. Mein Vater, der, ohne ihm zu schmeicheln, unter die recht guten Künstler zu rechnen ist, bemerkte bereits in meinem vierten Jahr, mit Vergnügen, daß ich zur Kunst gebohren sey. Dies bewog ihn zu sagen: Mein Heinrich soll ein rechter Künstler werden, wenn mir Gott das Leben schenket. Allein er starb sehr

---

*) Eine Stunde von Altenburg in einer Kirche des Dorfs, die Leibe genannt, steht ein Epitaphium des Hofmarschalls von Zehm, von Alabaster, welches beweisen kann, daß es mein Vater ziemlich weit in der Bildhauerey gebracht hat.

sehr jung und mußte mich meinem glücklichen Naturell und der göttlichen Führung, welche alles am besten lenken konnte, überlassen. Diesem angebohrnen Trieb zu Folge war weder Bleystift, noch Kreide vor mir sicher; ich bemalte Tisch und Wände, doch so, daß ich, ohne Eitelkeit zu sagen, die Umstehenden oft zum Nachdenken gebracht habe.

Auf diese Art beschäftigte ich mich ohngefehr bis in mein siebentes Jahr, als mein Stiefvater, Johann Jeremias Martini*) nach Bayreuth gerufen wurde, um viele Gruppen und Pyramiden zu der neuerbauten Kaserne zu verfertigen. Hier überließ mich mein Stiefvater meinem natürlichen Hang zur Kunst gänzlich, ohne mir jedoch das geringste Hülfsmittel zu zeigen. Allein dies vermißte ich nicht, weil ich glaubte, man brauche nur Kupferstiche und Zeichnungen zu kopiren, so würde man Künstler; und am Ende hab' ich mich auch hierinn nicht geirrt.

Weil mir aber Alles reizend war, was zur Kunst gehörte: so kam ich auch ganz natürlich auf das Modelliren. Die Methode meines Vaters schien mir zu künstlich und also für mich noch zu schwer zu seyn; ich folgte ihr daher nicht; sondern nahm ohne Umstände den Thon, bearbeitete ihn mit meinen Fingern zu einer gewissen Form und führte so dann das, was die Finger nicht thun konnten, mit den Bossirhölzern aus. Auf die Art traf ich zufälliger Weise den rechten Weg zum Modelliren.

Beständig hat dieser Zeitvertreib so viel Reiz für mich gehabt, daß ich bis jetzt nichts lieber thue, als Modelliren und

---

*) Er ist in Berlin gestorben. Mehrere Nachricht von ihm findet man in des Herrn Nicolai Beschreibung von Berlin und Potsdam (Band. 2. Anh. 4. S. 105.)

und Zeichnen. Dies sind aber auch die beyden zuverläßigsten Mittel, alles in der Kunst mit gutem Erfolg zu unternehmen. Ich kann dies mit meinem Exempel beweisen: denn vermöge des Modellirens, oder Bossirens form' ich eben so sicher aus Marmor und andern harten Materien eine Figur, als aus Thon oder Wachs, und vermittelst des Zeichnens bin ich Maler, so oft ich Gelegenheit dazu habe, und radire und steche in Kupfer, wenn ich will. Ich habe nicht nöthig gehabt, das Medailliren und Steinschneiden der Gemmen besonders zu lernen; ich konnte es, so bald ich's unternahm. Man darf sich darüber nicht wundern: denn alle diese Künste sind nur eine einzige Kunst und der Mechanismus bey der Ausübung derselben ist das geringste. Es kommt hierbey lediglich auf das geübte Judicium und auf richtige Ideen an.

Ich bin niemals auf einer Zeichenakademie gewesen, habe aber doch das Vergnügen gehabt, auf diese Art zu studiren. Als ich noch in Bayreuth war: so hatte der Bauinspektor, Richter, der alte Herr Ränz, Herr Hanf und Glaser, ein junger Maler, nebst meinem Vater, eine Akademie zu ihrem Zeitvertreib, errichtet. Meiner Meinung nach fehlte ich noch dabey, nach aller Meinung aber war ich noch zu jung und durfte also nicht mitzeichnen. Ich entschloß mich aber bald, mir eine Lampe aus Thon zu machen und zeichnete allein nach dem Runden. Diese Gewohnheit hab' ich auch in der folgenden Zeit beybehalten und viel Nutzen davon gehabt.

Nach sieben Jahren sahe sich mein Vater genöthigt, wieder nach Altenburg zu reisen: weil er daselbst noch als Hofbildhauer engagirt war. Meine Mutter, mein Bruder und meine Schwester blieben noch zurück. Ich und mein jüngerer Bruder, Johann Wilhelm Meil, mußten also noch zu unserm Informator, welcher ausser unserm Hause wohnte, in die Schule gehen. Bey dieser Gelegenheit fügte es sich, daß meinem Künstlerstolz sehr geschmeichelt wurde. Ich stellte nemlich einmal publice meine Arbeit aus; indem ich bey der Schmiede, die nicht weit von eines Obristen Hause war, eine Kohle nahm und eine nackende Venus, in der Stellung der Mediceischen, an des Obristen Haus zeichnete. Kurz nach meinem Weggehen kam der Herr Markgraf von Bayreuth dahin, um den kranken Obristen zu besuchen, er sahe die Figur, blieb stehen und sagte zu seinen Cavaliers: Wer das gemacht hat, muß doch zeichnen können. Dieser hohe Beyfall eines Kenners und Liebhabers der Kunst war mir nicht gleichgültig, indem dies mein lezter Auftritt in Bayreuth war und ich nun mit Ehre dasselbe verlassen konnte.

Vierzehn Jahre war ich alt, als ich mich wieder in Altenburg befand, mich immer emsiger mit dem Zeichnen und Bossiren beschäftigte und viele Modelle, theils nach eigner Erfindung, theils nach den besten Gipsfiguren, verfertigte. Ein Farnesischer Herkules und ein Borghesischer Fechter in der Grösse, wie man sie von Gips hat, könnten beweisen, wie weit man es in solchen Jahren durch Fleiß bringen kann; wenn es möglich wäre, sie jedermann zu zeigen.

Mein Vater sahe mir immer zu, ohne mich im geringsten zur Steinarbeit zu bereden. Allein er erreichte seinen Zweck endlich doch. Als ich ihn einstmals arbeiten sahe; so behauptete er: zwischen dem Bossiren und in Stein zu arbeiten wär ein grosser Unterschied und es folge nicht, daß, wenn man des einen, man auch des andern mächtig sey. Dies konnt' ich zwar nicht schlechterdings leugnen, aber doch beweisen, daß es mit mir eine andere Bewandniß habe. Ich nahm

nahm also in der ersten Hitze, welche mein Vater durch seine beständigen Zweifel immermehr anfachte, das nächste beste Stückchen Stein, welches vor mir lag und verwandelte es in kurzer Zeit in das von Wachs bey der Hand liegende Kinderköpfchen, welches mein Bruder noch vorzeigen kann. Es ist vom Balthasar Permoser. Diese allererste Probe gefiel meinem Vater sowohl, daß er mehr dergleichen von mir zu sehen verlangte und ich also eine viereckigte weibliche Figur anfangen mußte, welche ich eben so bald, als mein Vater die seinige, vollendete. Meine dritte und lezte Arbeit war ein Apollo von drey Ellen, welcher noch bis jezt zu Altenburg, im Herzoglichen Lustgarten, steht.

Zu der Zeit fiel es mir auf einmal ein, daß ich schon 16 Jahr alt sey und ich glaubte, daß ich zu alt würde, wenn ich länger zu Hause bliebe. Meinen Aeltern würde dies ein schlechter Beweggrund gewesen seyn, mich reisen zu lassen, ich war also stille davon. Endlich überwog aber doch die Lust zum Reisen die Furcht, es heimlich zu thun, und ich gieng 1747. im Winter, ohne Abschied, nach Leipzig. Alles was ich mitnahm bestand in fünf Thalern, einem Dutzend Pinselstielen und meinen Bossirbeinen; denn alle meine Hofnung gründete sich auf diese Instrumente; In Leipzig wohnte ich einige Wochen bey einem weitläuftigen Verwandten, welcher ein Mauermeister war. Durch dessen Vermittelung geschah' es, daß ich meine Bildhauerey, zu meinem Nutzen, üben konnte, indem er mir den Frontispiz zu einem neuerbauten Hause auf dem Markt, neben der Wage, zu machen verschaffte. Die Muschel, welche den ganzen Fronton vorstellt, hab' ich nicht verfertiget, sondern nur das Kind, welches, mit den Attributen der Minerva, ein Cornucopiae ausschüttet.

Bey dieser Beschäftigung wurd' ich mit dem jezigen Hofrath zu Weimar, Herrn Schneider, bekannt. Er machte nach seiner gewöhnlichen Höflichkeit viele Lobeserhebungen von meiner Arbeit, dergleichen man wohl bey jungen Leuten zur Aufmunterung zu machen pflegt und weil ich damals den Herrn Professor Christ noch nicht kannte: so empfahl er mich auch demselben so fort, zu meinem grossen Vortheil. Professor Christ, ein wahrer Kenner der Kunst und guter Antiquar, übersahe gleich mit einem Blick, was aus mir zu machen sey, und zum Beweise, daß es etwas Rechtes werden sollte wurd ich auch von ihm inscribirt: weil er 1748. grade Rector magnificus war. Er bot mir alle seine Collegia an, welche ich denn auch mit Nutzen besucht habe. Ausserdem hatt' ich als Student auch viel vornehme Bekanntschaft, die mir Gelegenheit verschaffte, Lection im Zeichnen zu geben, vieles in Miniatur und Pastel zu malen und in Kupfer zu radiren. Mit dem leztern hat mich der Herr Professor Christ am meisten beschäftigt, indem ich, ich möchte fast sagen, unzählige Gemmen aus seinem Museum radirt habe.

Nun hieß ich Zeichenmeister und Kupferstecher; der Bildhauer zeigte sich nur noch im Modelliren. Da ich so vielerley Studien zu meinem Zeitvertreib hatte: so hab' ich unverwerkt eine Zeit von etlichen zwanzig Jahren in Leipzig zugebracht und ich glaube, daß ich meiner bey diesem Vergnügen zu studiren ganz vergessen haben würde: wenn ich nicht nachdrücklich wäre erinnert worden, nach Berlin zu kommen. Ich reisete also, in Begleitung aller meiner Künste, 1774. im August nach Berlin. Das vorzüglichste Glück, welches ich hier geniesse, besteht darinn, daß ich als Medailleur alle Gelegenheit nutzen kann von der, mir deßhalb ertheilten gnädigsten Erlaubniß Gebrauch zu machen. Sonst haben mich verschiedene

schiedene Umstände gehindert, daß ich während meines hiesigen Aufenthalts nicht so viel habe arbeiten können, als ich wohl gewünscht hätte. Ich hoffe aber in der Zukunft diesen Verlust der Zeit, durch meinen Fleiß zu ersetzen und mich auf Arbeiten berufen zu können, deren ich mich nicht schämen darf.

Anmerkung.

Ausser der oben angeführten grossen Anzahl geätzter Gemmen aus dem Christlichen Museum hat Herr Meil noch folgendes gezeichnet, in Kupfer gestochen und geätzt.

1. Eine Titelvignette und das Fürstl. Schwarzburgische Wappen, zu dem 2ten Theil der, vom M. Joh. Tob. König herausgegebenen Recentior. poetar. Germanor. Carm. lat. selectior. (Helmstadii 1751. 8.)

2. Hundert und zwölf Blätter zu des sel. Prof. Gellerts Fabeln (1766.)

3. Eine mir unbekannte Anzahl Blätter zu den Fabeln des la Fontaine.

4. Zwo schöne Vignetten zu Herrn Bürgers, unter dem Nahmen Hilarius Jocosus, herausgegeben weltlichen und hochteutschen Reimen ꝛc. (1777. 8.)

5. Noch zwölf Blätter zu Gellerts Fabeln, nach Chodowieckischen kleinen Kalenderkupfern (Berlin 1778. 8.)

6. Den Kopf des Pythagoras zum ersten Stück der Freymäurerbibliothek (Berlin 1778. 8.)

7. Eine Titelvignette zu J. A. Hemmanns Medicinisch-Chirurgischen Aufsätzen, historisch-praktischen Inhalts (Berlin 1778. 8.)

8. Den Sphinx zu der, unter dem Titel: Crata repoa: oder Einweihungen in der alten geheimen Gesellschaft der Aegyptischen

etischen Priester, (zu Berlin 1778. 8.) herausgekommenen Abhandlung.

9. Ein Titelkupfer und eine Tittelvignette zu Henriette, oder der Husarenraub, in Briefen (Berlin und Leipzig 1779. 8.)

10. Ein Titelkupfer und eine Titelvignette zu Heerfort und Klärchen. Etwas für empfindsame Seelen. 1. 2. Theil. (Frankfurt und Leipzig 1779. 8.)

11. Eine Titelvignette zum ersten Band des Stephanie, eines Romans in Briefen (Berlin und Leipzig 1779. 8.)

12. Ein Titelblatt, eine Titelvignette und noch eine andere Vignette zum ersten Band der Geschichte des Herrn von Morgenthau, von dem Verf. der Geschichte des Henrich Stillings (Berlin und Leipzig 1779. 8.)

Von seinen Medaillen sind mir nur die beyden, welche er auf die Ankunft des Russischen Grosfürsten zu Berlin und auf dessen Vermählung mit der Prinzessin von Würtemberg, im Jahr 1777. verfertigt hat, bekannt geworden.

Was hier übergangen ist, oder vom Herrn Meil nachher noch zum Vorschein gekommen seyn sollte, das wird man künftig in dem teutschen Künstlerlexikon des Herrn Hofraths Meusel verzeichnet finden.

2. Kurze

2.

Kurze Nachricht von der, dem Berlinischen Gymnasium, zum grauen Kloster, zugehörigen Gemäldesammlung.

Es hat zwar schon Herr Oberkonsistorialrath Büsching, im Jahr 1775, ein Verzeichniß der vornehmsten Gemälde, welche Sigismund Streit, ehemaliger Kaufmann zu Venedig, dem Berlinischen Gymnasium geschenkt hat, drucken lassen *) und nach ihm auch Herr Nicolai, in der zwoten Ausgabe seiner Beschreibung von Berlin und Potsdam **), eine Nachricht von der Gemäldesammlung des gedachten Gymnasiums mitgetheilt. Vielleicht wird's aber dem ohngeachtet nicht unnütz seyn, wenn ich hier auf das neue von dieser Sammlung rede und das, was beyde Herren davon gesagt haben, mit einigen Zusätzen vermehre.

Vor drey und zwanzig Jahren sahe man auf der Bibliothek des Berlinischen Gymnasiums zum grauen Kloster, bey welcher sich jetzt die Gemäldesammlung befindet, nur zwey, noch bis auf den heutigen Tag vorhandene Gemälde. Das eine bildet den Stifter der Bibliothek, den ehemaligen Königl. Preußl. Geheimen Rath, Johann Christian von Tiefenbach, wie er als Kind mit seinem Hunde spielt, ab und das andere ist zum Andenken an eine 1712. in der Nachbarschaft des Gymnasiums,

---

*) Man findet dasselbe in seiner Sammlung aller Schriften, welche bey der 2ten hundertjährigen Jubelfeyer des Berlinischen Gymnasiums geschrieben worden sind. S. 109. 110.

**) Band 2. S. 614.

nasiums, entstandene grosse Feuersbrunst, welche auch einen Theil der zu demselben gehörigen Gebäude verzehrt hat, verfertigt. Beyde Stücke empfehlen sich aber weder durch ihren innern noch äussern Werth und es belohnt sich also der Mühe nicht, daß man sich dabey aufhält.

Der Ursprung der Gemäldesammlung, so wie sie gegenwärtig beschaffen ist, fällt eigentlich zwischen 1757 und 1758. In diesen Jahren schickte der oben erwähnte Kaufmann Streit, der sich schon seit 1751. wegen des im Gymnasium genossenen Unterrichts, sehr dankbar gegen diese Anstalt bewiesen und derselben eine sehr grosse Summe Geldes geschenkt hatte, ihr ausser einer Anzahl guter Bücher, auch die ersten schönen Gemälde zu, welche man sonst in dem, vor dem Bibliotheksaal befindlichen, so genannten Konferenzzimmer antraf.

Als er hierauf im Jahr 1763. diesen noch mehrere und unter andern die schätzbaren Gemälde, welche die Stadt Venedig betreffen, nachfolgen ließ: so wurde man dadurch bewogen, der Gemäldesammlung noch zwey angrenzende Zimmer zu widmen und dieselbe nunmehr in drey grossen Zimmern, (von welchen das erste und andre zwey, das dritte aber nur ein Fenster breit ist) aufzubewahren. Man fand's auch für nöthig, die ganze Sammlung und also auch die Gemälde, welche schon vorher von dem damaligen Berlinischen nicht ungeschickten Maler, Gerhard, aufgehangen worden waren, von neuem kunstmässig ordnen zu lassen. Der hiesige verdiente Maler, Herr Krüger, hat hierbey alles gethan, was er hat thun können und obgleich der Augenschein lehrt, daß unterschiedene perspektivische Stücke der Sammlung nicht den schicklichsten Platz erhalten haben; auch einige andere Gemälde so rangirt worden sind, daß auf manche zu viel und

auf

auf manche wieder zu wenig Licht fällt, so kann ihm dieß doch nicht zur Last gelegt werden; sondern man muß es der Lage und übrigen Beschaffenheit der Zimmer, die z. B. zwar lang, aber nicht breit und hoch genug sind, einzig und allein zur schreiben.

Alle zu dieser Sammlung gehörige, vornehmlich aber die 1763. vom Herrn Streit überschickten Gemälde, haben kostbar vergoldete und mit Bildhauerarbeit verzierte Rahme. Da sie insgesammt von berühmten Meistern herrühren und von nicht geringem Werth sind *), auch auf ausdrückliches Verlangen des Herrn Streit einem jeden und besonders seinen Verwandten (von dem Direktor des Gymnasiums, oder dem jedesmaligen ersten Professor desselben, welcher eigentlich Bibliothekar und Aufseher über die Gemäldesammlung ist,) gezeigt werden sollen: so hat dies verursacht, daß sie von 1757. an bis jetzt von vielen hiesigen und auswärtigen Gelehrten, Künstlern und andern Personen, ja so gar von Prinzen, in Augenschein genommen und beyfallswürdig befunden worden sind.

Ich habe diese Gemälde von 1757 bis 1773. fast täglich gesehen, und erinnere mich daher ihrer so gut, daß ich auch bey den meisten die Zimmer, in welchen sie sich befinden, werde anzeigen können. Es sind derselben überhaupt vierzig, von welchen Herr Oberkonsistorialrath Büsching bereits zwey und dreyßig angezeigt hat. Diese Anzeige will ich hier zum Grunde

---

*) Herr Streit selbst hat ein und dreyßig derselben auf 884 Speciesdukaten; oder 2652 Thaler, nach unserm Gelde, geschätzt, s. Herrn Oberkonsistorialrath Büschings Nachricht von diesem denkwürdigen Mann S. 11. nach der Quart-Ausgabe.

Grunde legen, dieselbe mit einigen Anmerkungen begleiten und so dann auch die noch übrigen acht Stücke anführen.

No. I. Die Muse.

Diese von einem unbekannten Meister gemalte Muse, welche, wie man aus dem Lorberkranz, welchen sie auf dem Haupte trägt, siehet, die Klio ist, halt' ich für das schönste Gemälde in der ganzen Sammlung. Es ist nur zu bedauren, daß dies Stück an keinem bessern Ort hängt und das Kolorit desselben zu sehr ins Braune fällt. Die Höhe und Breite dieses Gemäldes kann ich eben so wenig, wie die Höhe und Breite aller folgenden Gemälde angeben; das ist mir aber bekannt, daß es im ersten Zimmer angetroffen wird.

No. II. III. Zween Köpfe.

Einer von einem alten Mann und der andere von einer alten Frau. Sie sind vom Maler Stroebel und befinden sich in demselben Zimmer.

No. IV. Lot mit seinen beyden Töchtern.

Drey Figuren nach der Natur. Ein vortreffliches Stück, vielleicht eine Kopie des berühmten Raphaelschen Gemäldes.

No. V. Die keusche Susanna.

Ebenfalls drey Figuren nach der Natur. Im zweyten Zimmer.

No. VI. Die Batseba.

Drey grosse Figuren nach der Natur und drey halbe. Ich glaub im ersten Zimmer.

No. VII. Abrahams Aufopferung Isaaks.

Auch drey Figuren nach der Natur. Im zweyten Zimmer.

No.

artistischen Inhalts.

No. V und VII. scheinen Kopien Rubenscher Gemälde zu seyn. Ich sage sie scheinen es zu seyn: denn ich habe die Rubenschen Gemälde nie selbst gesehen und kann es also nicht mit Gewißheit behaupten. Sollte indeß Amiconi, von welchem diese beyden Stücke und auch No. IV. VI. und VIII bis XIII. sind, dieselben wirklich kopirt haben: so muß man ihm die Gerechtigkeit wiederfahren lassen, daß er dies auf keine ungeschickte Weise gethan hat. Besonders ist er im Ausdruck der Charaktere glücklich gewesen. Auch seinen beyden Alten, welche die Susanna verführen wollen, "funkelt, wie " Oesterreich von den Rubenschen sagt *), eine brünstige " und geile Liebe aus den Augen und auf dem Gesicht seiner " Susanna sieht man ebenfalls Unruhe, Scham und Bangigkeit, mit Zorn und Verachtung vermischt." Sein Abraham und Isaak und der dem ersten erscheinende Engel ist ihm nicht weniger gelungen, und das Holz, welches zum Opfer gebraucht werden soll, ist bis zum Täuschen gemalt.

No. VIII. Salomon, wie er einen Abgott anbetet.

Zehn Figuren und drey Köpfe in der Ferne. Im ersten Zimmer.

No. IX. Rebecka bey dem Brunnen.

Fünf Figuren. Zwo kleine entfernt und Thiere. Im ersten Zimmer.

No. X. Die Geburt des Bacchus.

Fünf Figuren und drey entfernt. Im ersten Zimmer.

No.

---

*) In seiner Beschreibung der Königl. Bildergallerie und des Kabinets zu Sans Souci E. B. nach der 2ten teutschen Ausgabe von 1770.

No. XI.   Der Raub der Europa.

Gleichfalls fünf Figuren und drey entfernt.   Im ersten Zimmer.

No. XII.   Ahasverus und Esther.

Sechs Figuren und drey entfernt.   Im ersten Zimmer.

No. XIII.   Die Bekehrung Pauli.

Fünf Figuren, vier zu Pferde.   Auch im ersten Zimmer. Diese sechs Gemälde sind gut gezeichnet, das Kolorit derselben fällt aber zu sehr ins Grünliche.

No. XIV. XV.   Eine alte Frau mit einer Brille in der Hand und ein Holländer mit einer Tabakspfeife und einem Beutel in der Hand.

Beyde halbe vortrefflich gemalte Figuren.   Die Gesichtszüge, Haare, u. s. w. des Mannes sind meisterhaft abgebildet. Das Feuer, welches er in seiner Tabakspfeife hat, ist aber nicht so natürlich gerathen, wie der Tabak selbst. Denn es ist zu roth. Die bedachtsame und gelassene Miene der alten Frau und die Art und Weise, wie sie die Brille in der linken Hand hält, hat mir vorzüglich gefallen. Beyde Stücke befinden sich im zweyten Zimmer und sind, nebst den vier folgenden, von Nogari.

No. XVI.   Educatio.
No. XVII.   Cognitio.
No. XVIII.   Operatio perfecta und
No. XIX.   Ad templum gloriae.

Alle vier von gleicher Grösse und Schönheit.   Im ersten Zimmer.

artistischen Inhalts.

No. XX. XXI. Zwo Landschaften.

Von Zuccarelli. Ich habe eben nichts besonders an ihnen bemerkt und sie hängen auch zu hoch, als, daß man sie gehörig betrachten könnte.

Nun folgen die kostbaren Gemälde, welche Venedig angehen, deren zusammen eilf sind. Zuerst die vom Maler Antonio Canaletto.

No. XXII. Der Prospekt des grossen Kanals.

No. XXIII. Der Platz Rialto.

No. XXIV. La vigilia di Santo Pietro und

No. XXV. La vigilia di Santa Marta.

Beyde im ersten Zimmer.

Ausserdem sind noch von unbekannten Meistern folgende die Stadt Venedig betreffende Stücke vorhanden:

No. XXVI. La Gloria di Venezia.

No. XXVII. La Sala di maggiore Consiglio.

Im zweyten Zimmer.

No. XXVIII. Die Feyerlichkeit am Giovedi grasso, auf dem St. Markus Platz.

No. XXIX. Die Procession am Frohnleichnamsfest.

No. XXX. Die Abfahrt des Doge im Buccentauro am Himmelfahrtsfest, zur Vermählung der Republik mit dem adriatischen Meer.

Im zweyten Zimmer.

No. XXXI. Il Doge nel Pozzello: Wenn er sich zum erstenmal dem Volk zeigt, vor seiner Krönung.

No. XXXII. Ein Wettrennen zu Wasser von verschiedenen Böten, in der Gegend des Ponte di Rialto.

Diese

Diese eilf Gemälde sind größtentheils perspektivisch und alle meisterhaft gemalt. Man muß erstaunen: Wenn man die grosse Menge der Gegenstände auf denselben gewahr wird und die geschickte Verbindung derselben zu einem Ganzen, nebst dem untadelhaften Kolorit, bemerkt. No. XXVII. ist das ansehnlichste Stück unter allen. Es ist aber für das Zimmer, in welchem es sich befindet viel zu groß und kann daher die Wirkung nicht hervorbringen, die es hervorbringen würde, wenn es in einem gehörig breiten und hohen Saal aufbewahrt würde. Die Zimmer, in welchen diese Gemälde aufbewahrt werden, sind überhaupt alle zu schmal, als daß sich perspektivische Stücke in denselben recht ausnehmen könnten, und der gar zu nahe Standpunkt, den man wählen muß, verursacht, daß das stark Aufgetragene der Farben zu sehr in die Augen fällt, welches in der Entfernung nicht bemerkt werden würde. Unter den Büchern, welche Herr Streit dem Gymnasium geschenkt hat, befindet sich auch ein Band schöner Kupferstiche, die die vornehmsten Gegenden und Merkwürdigkeiten in und um Venedig abbilden. Wo ich nicht irre: so sind sie von Marieschi.

Zu diesen vom Herrn Oberkonsistorialrath Büsching angeführten zwey und dreyßig Gemälden, kommen noch folgende acht Stücke.

No. XXXIII. **König Friedrich Wilhelm**
No. XXXIV. **König Friedrich II. und** } **von Preussen.**
No. XXXV. **Königin Elisabet Christine**

Alle drey von Pesne. Im zweyten Zimmer.

No. XXXVI. XXXVII. XXXVIII. **Drey Bildnisse des Herrn Sigismund Streit.**

Zwey im ersten und eins im dritten Zimmer, und

No.

artistischen Inhalts.

No. XXXIX und XL. Zwey Bildnisse zween seiner Verwandten.

Im dritten Zimmer.

―――――――――

3.

Authentische Nachricht von Hrn. Joh. Sam. Gözinger, Hochfürstl. Anspachischen Kammermedailleur.

―――

Johann Samuel Gözinger, gebohren zu Anspach im Jahr 1734. lernte von seinem Vater Johann Gözinger, vormaligen Hochfürstl. Anspach. Kammermedailleur und Münzstempelschneider, die Kunst, sowohl in Stahl als auch in feine Steine zu schneiden, und folgte ihm auch nach dessen im Jahr 1756. erfolgtem Tode in seiner Stelle nach. Dadurch muste zwar unser Künstler den Vortheil entbehren, fremde Länder zu sehen: allein sein Genie und seine Bestrebung nach Vollkommenheit hielten ihn gewissermassen dafür schadloß; indem er keine Gelegenheit versäumte, alles begierig zu ergreifen, was seinen Geschmack bilden, und dem Ideal der höhesten Schönheit näher bringen konnte. Davon zeuget eine ziemliche Anzahl nach Antiken von ihm geschnittener Steine, die sich in den Händen verschiedener vornehmer Personen befinden, und die in Absicht der leichten ungezwungenen Ausführung und sanften Bearbeitung eine vorzügliche Achtung verdienen. Nicht geringern Fleiß wendete er auf die Verfertigung derjenigen Medaillen, welche von Zeit zu Zeit zur Ehre seines Fürsten geschlagen worden, und worunter die vornehmsten sind:

B 2 1. Ei-

1. Eine Falkenmedaille, welche noch unter der Regierung des Herrn Marggrafen Carl Wilhelm Friedrich gefertiget worden, dessen Brustbild auf dem Avers befindlich, so wie man auf dem Revers einen im vollen Lauf rennenden Falkonier siehet, der sein Auge nach der Höhe richtet, in welcher der Falke den Reiger angreift. In der Entfernung siehet man die bey dieser Jagd gewöhnliche Musik. Die Legende heißt: OBLECTAMINA PRINCIPIS. Sie hält 4 Loth in Silber.

2. Noch eine dergleichen. Auf dem Avers wieder das Brustbild Carl Wilhelm Friedrichs. Auf dem Revers ein gehaubter Falke, auf einem Hügel sitzend, mit der Legende: ELATUS TENDET IN ALTUM. Sie hält 3 Loth in Silber.

3. Die Vermählungsmedaille. Auf dem Avers die Brustbilder Carl Wilhelm Friedrichs und Friederika Luisens nebst der Namens Umschrift. Auf dem Revers die Brustbilder Alexanders und Friederika Carolinens, gleichfalls mit der Namens Umschrift. Die Jahrzahl ist MDCCLIV. Sie hält 6 Loth in Silber.

4. Die Huldigungsmedaille des jetztregierenden Herrn Marggrafen, dessen Brustbild im Harnisch und Fürstenmantel auf dem Avers. Auf dem Revers hingegen in der Mitte die Jahrzahl MDCCLVIII. mit der Umschrift HOMAGIUM PRINCIPIS. Aussen herum in einem gedoppelten Kreise die besondern Wappen der sämmtlichen Städte und Oberämter des Fürstenthums Onolzbach. Sie hält 16 Loth in Silber.

5. Eine goldene Medaille, auf deren Avers das Brustbild der jetztregierenden Frau Marggräfin, auf dem Revers aber die 4 Hauptstädte der Grafschaft Sayn, nemlich Altenkirchen, Freusburg, Friedewald und Benndorf. Oben sind in drey Schilden, der brandenb. Adler, der sächsische Rautenkranz und der burggräfl. Löwe. Die Legende ist: IN AMORIS MEI FIDEI QUE VESTRAE MEMORIAM. In der Exergue liest man: COMITAT. SAYNENS. Sie wurde zu 4. 6. 8. Dukaten schwer ausgefertiget, und zu Geschenken angewendet, da Ihro Hochfürstl. Durchl. die Frau Marggräfin vom Bade aus in die Grafschaft reiseten.

6. Eine Medaille als Se. Hochfürstl. Durchl. die Kraisobersteustelle übernahmen. Auf dem Avers dieselben zu Pferd im Harnisch mit dem Kommandostab, und der Jahrzahl MDCCLXV. Auf dem Revers der burggräfl. Löwe, in eine Kriegsarmatur eingefasset, über welche der brandenb. Adler die Flügel ausbreitet mit der Umschrift: SECURITATI PUBLICAE. Sie hält 4 Loth in Silber.

7. Die Vereinigungsmedaille der beeden Fürstenthümer Anspach und Bayreuth. Auf dem Avers die Brustbilder des Herrn Marggrafen Georg Friedrichs mit der Jahrzahl MDLVII. und des jetztregierenden Herrn mit der Jahrzahl MDCLXIX. In der Exergue: BURGGRAVII NORIMBERG. SUPERIORIS ET INFERIORIS PRINCIPATUS. Auf dem Revers ein Altar, auf welchem ein aufgeschlagen Buch mit drey daranhangenden Ringeln liegt, mit der Umschrift: PROVIDENTIA ET PACTIS. Die Exergue: IN MEMORIAM CONIUNCTIONIS UTRIUSQUE BURGGRAVIATUS NORICI. D. XX. IAN. MDCCLXIX. Sie hält 4 Loth in Silber.

8. Die Oekonomiemedaille. Auf dem Avers das Brustbild des Herrn Marggrafen. Auf dem Revers in der Mitte: BRANDLANDESOECONOMIE. MDCCLXIX. In einem Ring herum stehen die Rubriquen, Stutterey, Chaussé, Hofkultur, Zuchthaus, Bienenzucht, Viehzucht, Bergwerk, nebst den dazu gehörigen schicklichen Sinnbildern in Schildern. Sie hält 3 Loth in Silber.

Neben diesen und andern zur herrschaftlichen Münze gehörigen Arbeiten verfertigte er Sigillen für viele vornehme fürstl. und gräfl. Personen, für reiche Particuliers in Rom, Paris, Amsterdam, in der Schweitz und in Spanien, so daß seine Arbeiten in einem grossen Theil von Europa bekannt sind. Vor kurzem verfertigte er mit dem Meisel das Brustbild seines Fürsten in Alabaster; ein Werk, das von allen Kennern bewundert wird, welche das hochfürstl. Kunstkabinet, wo sie aufbehalten wird, besehen. Er verfertigt auch, die, nach den vorzüglichsten von Winkelmann und Lippert angezeigten Antiken, abgeformten Glaspasten so schön und viel wohlfeiler, als sie von Rom zu bekommen sind *). Ausserdem ist er ein Mann, der von der Welt entfernt, ganz mit den Ideen seiner Kunst beschäftiget, lebt, und dessen sittlicher Charakter seiner Geschicklichkeit Ehre macht.

4.

Gemälde und andere Kunstsachen, die zu verkaufen sind.

Von Stettin erhielten wir ein den 16ten Febr. 1778. datirtes französisches Schreiben, aus dem wir folgenden Auszug mittheilen wollen.

" - -,- - Nun besitze ich ein Gemälde von einem sehr be-
" rühmten Meister, von Lucas von Cranach; es ist ein ohn-
" streitiges Original; denn ich stamme von diesem grossen
" Künstler ab, aus dessen Familie ich der letzte bin, und auf
" diese Weise habe ich dieses Gemälde geerbet. Es stellet
" das Leiden Christi vor, und unten ist die Jahrzahl 1542.
" angemerkt. In der Mitte ist Christus am Creutze zu sehen,
" auf der Rechten die Jungfrau Maria, auf der Linken der
" heil.

---

*) Von seinen Schwefelabdrücken geschnittener Steine haben wir ein Verzeichniß von 600 Stücken vor uns, unter dem Titel: Catalogue des Pâtes de souffre, tirées des pierres gravées par les plus fameux artistes de l'Antiquité tant Grecs que Romains, qui se vendent chés Mr. Goezinger, Medailleur de la Chambre aux services de S. A. S. Monseigneur le Marggrave de Brandenbourg-Ansbach et Baireuth. Fol.

"heil. Johannes. Es ist anderthalb Ellen lang und 1½
" Ellen breit. Die Malerey ist noch so reizend, als wenn sie
" von heute wäre, und wenn ich nicht den Degen zu meinem
" Metier erwählt hätte, würde ich mich nie entschlossen ha-
" ben, dieses Gemälde zu verkaufen. Ich bin und ꝛc.

von Cranach.

" N. S. Meine Addresse ist.
" Monsieur *de Cranach* Enseigne de S. A. Msr. le
" Duc *de Bevern*, au Service de S. M. le Roi de Prusse
à *Stettin*.

Zu Danzig. Der geschickte Künstler Friedrich Wilhelm Dübüt, der ehmals Obermedailleur und Bildhauer an
dem Hofe zu Dresden war, nachher zweymal, unter der vorigen und unter der jezigen Kayserin, als Medailleur in Russischen Diensten gestanden hat, hält sich nun schon über 10 Jahre in Danzig auf, und wünschte aus seiner schönen Sammlung Kunstsachen, sowohl von seiner eigenen als von fremder
Arbeit, folgende zu verkaufen.

1. Das Brustbild des jezigen Königs von Pohlen, halb aus,
in gefärbtem Wachs bossirt, in Lebensgrösse und sehr ähnlich.
Die Haare hängen in Locken, das Kleid ist von einem weißen
goldenen Stoffe. Das Bild ist hinter einem schönen Spie-
gelglase verwahrt, um die Aehnlichkeit besser zu treffen, obgleich Hr. Dübüt schon ehmals den König als Grafen Ponia-
towski zu Warschau und zu Petersburg wohl gekannt hatte,
unternahm er doch desshalb nach dessen Thronbesteigung eine
Reise von Danzig nach Warschau.

2. Das Brustbild der heil. Jungfrau mit dem Kinde, in gefärbtem Wachs, etwa 12 Zoll hoch. Ein vortrefliches ungemein
reizendes Stück, welches Herr Dübüt nach einem Italienischen Gemälde verfertiget hat, für welches er 100 Ducaten
fordert.

3. Eine

3. **Eine Sammlung alter Kupferstiche, unter andern:**

Das seltene Stück: de ban en arriere ban in Zee by Vigon.
Das jüngste Gericht nach Mich. Angelo.
Das Gefechte der Centauren und Lapithen Corn. Bos 1550.
Ein Tanz von L. (vermuthlich Lucas von Leyden) 1519.
Ein Stück von C. B. 1537.
Eines von J. H. G. 1607.
Eines von G. v. Sichem.
Das Gericht von Pilatus nach Rembrand.
Die Creuzabnehmung von Rembrand und von ihm selbst gestochen.
Das Leiden Christi nach le Brün von Edelink, in duplo: das Stück zu 6 Ducaten.
Die Jünger von Emaus, nach Titian mit der berühmten Tischdecke, von Ant. Masson.
Ein Stück nach Christ. v. Broeck Erfindung. De Gheise sc. 1589.
Ludwig der XIV. von Drevet.

Es könnten noch mehrere angegeben werden; denn Hr. Püblis hat dieses Verzeichniß nicht selbst aufgesetzt; vielleicht würde er sich auch entschliessen, manche schöne Kupferstiche aus dem jezigen Jahrhunderte, die er besitzt, und etwas von den wächsernen Modellen seiner vortreflichen Schaumünzen zu veräussern.

Zu Danzig wohnet auch und zwar mit einer zahlreichen Familie, und in eingeschränkten Umständen, ein sehr guter Künstler in Elfenbein, Hr. Luck, der ebenfalls zweymal am Russischen Hofe gearbeitet hat, nachdem er viele Jahre bis zu Anfang des vorigen Krieges in Diensten des Herzogs von Mecklenburg gestanden war. Er hat sehr artige kleine Brustbilder en Médaillon von bekannten hohen Personen u. a. m. zu verkaufen, als von der Russischen Kaiserin, von dem Großfürsten; von dem König in Pohlen. Man kann auch allerley

allerley Arbeit bey ihm bestellen oder ihm zu Portraiten sitzen. Er trift die Aehnlichkeit glücklich, und ist billig. Bey vielen Liebhabern in Danzig stehet man Stücke von seiner Hand, selbst überaus schöne Bildsäulen und Gruppen. Ob es eben dieser Künstler sey, von welchem Hr. Füeßlin im 2ten Suppl. zum Allg. Künstl. Lex. redet, können wir nicht versichern, denn schon dessen Vater und ein Bruder waren geschickte Bildhauer in Elfenbein.

B—l.

5.
Auktionspreise von Gemälden berühmter Niederländer.

Vor zwey Jahren wurde zu Amsterdam die kostbare von Hrn. Nicolaus Nieuhoff hinterlassene Sammlung an Gemälden, Zeichnungen und Kupferstichen öffentlich verkaufet; es wird manchem Liebhaber von Gemälden angenehm seyn zu erfahren, wie hoch folgende Stücke, wo wir hauptsächlich auf die theuersten unser Augenmerk gerichtet haben, erstanden worden.

3 Seestücke von Ludolf Backhuysen, jedes zu	400 fl.
3 Stücke von Nicol. Berghem, von 200 bis	775
1 Aussicht in Harlem, Gerard Berkheyden	400
2 Italienische Landschaften, Joh. u. Andr. Both	1025 u. 1550
1 Conversationsstück, Gerard Terburg	800
1 See- und Landschaftstück, Albert Cup	760
1 Landschaft, Jacob van der Does	700
2 ditto kleinere, von demselben	716
1 Eine Frau, Gerard Douw	320
1 Ein Alter, von demselben, aber kleiner	109
1 Joseph und Maria, Gerbrand von den Eckhout	2205

2 Frucht- (Obst-) stücke, Margaretha Habermanns — 750 fl.
1 Fruchtstück, Joh. David de Heem — — — 550
1 Conversationsstück, Barthol. van der Helst — — 1005
1 Das Gegenbild zum vorigen — — — — 502
1 Aussicht, Joh. und Adr. von der Velde — — 950
1 Zwo kleinere, von demselben — — — 160
2 Noch 2 Prospecte Melchior Hondecoeter — 100 u. 150
1 Blumenstück, Joh. von Huysum — — — 3375
2 Zwey andere; Gegenbilder, von demselben — — 2005
2 Noch zwey; Gegenbilder, von demselben — — 2900
1 Italienische Landschaft, Carl du Jardin — — 1502
1 Landschaft von demselben — — — — 650
1 Dessen Bildnis, von Ihm selbst — — — 44
2 Biblische Geschichte, Jacob Jordaens — — 530
1 Das Urtheil des Paris, von demselben — — — 90
3 Landschaften, Joh. Lingelbach — 102, 500 u. 510
1 Conversationsstück, Jacob van Loo — — — 400
1 Blumenstück, Abrah. Mignon — — — 525
2 ditto kleinere, von demselben — — 114 u. 200
1 Conversationsstück, Franz Mieris, der ältere — — 800
2 Andere, von demselben — — — — 705

Noch mehrere und einige von dessen Sohne, wohlfeiler.

1 Conversationsstück (l'Inétrieur d'une maison), von Wilhelm und
 Franz Mieris, Vater und Sohn — — 999 fl. 15 st.
1 Stück von Peter Neefs und Breughel van Vlour — 400
2 Frucht und Blumenstücke, Jac. van Es — — 1505
3 andere, von demselben zu — 170 172 und 355
2 Wirthshausstücke, Adr. von Ostade — — 1535
3 Geschichte und Landschaften, Corn. Poelenburg 106 118 u. 170
1 Christus auferweckt die Tochter des Jairus, das Stück ist von
 Schmidt in Kupfer gezt worden, Rembrand — 980
1 Blumen und Früchte, Rachel Ruysch — — 960
1 Landschaft, Jac. Ruysdal ausstaffirt von van de Velde 550
2 kleinere ditto — — — — 185
1 Stürmische See, Salomon Ruysdal — — 63
1 Prospekt des Rheins, Hermann Saftleeven — 605

1 Bam-

artistischen Inhalts.

1 Bambochade, Joh. Steen - - - 650
1 Dorfhochzeit, von demselben - - - 350
1 das innere der Domkirche zu Antwerpen, von Hermann *)
  Steenbyck, ausstaffirt von Breughel - - 376
2 Stücke von David Teniers - - 135 u. 188
1 Römisches Fest, Jacob van der Ulft - - - 700
2 Landschaften, Abr. van de Velde - - 890 u. 1005
1 Die stille See, Wilhelm van de Velde - - 1600
1 Die stürmische See, von demselben, das Gegenbild zum vorigen
   - - - - - 1050
1 Bethsabee, von Nicolaus Vervolie - - 1850
1 Concert, Johann Vervolie - - - 176
1 Landschaft, Johann Veening - - - 800
2 andere von demselben - - - - 990
2 Architectur- und Landschaftstücke von Johann Bapt. Veening
   - - - 355 u. 375
1 Stück von Philipp Wouvermanns - - - 1995
2 andere von demselben - - - - 71
1 Stück von Joh. Vynants und Abr. van de Velde 550
3 andere von denselben - - - - 87
2 Stücke mit Vögeln, Fischen u. d. gl. von Gerard Zigelaer 619

B—i.

—————

6.

Aus einem Schreiben des Hrn. D. B.

———

aus Basel, vom 17ten May 1779.
(Aus dem Französischen.)

— — — Ich komme von einer angenehmen kleinen Reise nach Neufchatel und Bern zurück: Ausser vielen schon bekannten

*) Füeßli hat Heinrich.

kannten Merkwürdigkeiten habe ich eine gesehen, die es noch wenig seyn kann; nämlich ein Mosaischer Fusboden welchen man vor einem Jahre in der Landvogtey Granson zwischen Cheires und Jkouand, zwey am Neuenburger See auf der Berner Seite liegenden Dörfern, entdeckt hat. Die Musivische Arbeit stellet den Orpheus auf seiner Leyer spielend und die Thiere durch seine Zaubertöne anlockend, vor; sie ist sehr gut erhalten, und soll der vor einigen Jahren zu Avenche (Wifflisburg) entdeckten weit vorzuziehen seyn. Der Fußboden hält ohngefähr 12 Fuß ins Gevierte und mag etwa 4 Fuß tief in der Erde liegen; man glaubt, es sey zu der Römer Zeit ein Bad hier gewesen. Es ist zu Bern ein Kupferstich davon herausgekommen; seit der Zeit aber hat man an demselben Orte einen ähnlichen Fußboden der jedoch einfacher und nur in zwo Farben ausgeführet ist, entdeckt, welchen ich ebenfalls gesehen habe; und man glaubt, daß nach fernerem Nachgraben noch mehrere Arterthümer an den Tag kommen werden; wahrscheinlicher Weise hat hier ehmals ein Römisches Landgut gestanden.

B.

7.
Gemäldesammlung zu Basel.

In Basel besitzt Hr. Jacob Fesch, Handelsmann, eine Gemäldesammlung, die bekannt zu werden verdient. Die vornehmsten Stücke sind folgende:

Ludw. Backhuysen: Höhe 54 Zoll Breite 77 Z. auf Leinwand. Eine Aussicht des Pampus, mit vielen Kriegs- und andern Schiffen. In der Ferne die Stadt Amsterdam; zur Linken die Küsten von Nordholland. Dieses Gemälde, in welchem das
Hell-

artischen Inhalts.

Helldunkle vortreflich beobachtet worden, beziehet sich auf die Begebenheit, da der Englische Chef d'Escadre Zuwenwolde von den Holländern gefangen wurde.

Ludw. Backhuysen, H. 16 Z. Br. 18 Z. auf Holz 1697. Auch ein Seestück; ein Kriegs- und andere Schiffe auf der See bey frischem Winde. In der Ferne die Küsten.

Gerhard Berheyden, H. 25 u. ein halber Z. Br. 29 u. ein halber Z. auf Leinw. 1682. Eine Aussicht des Backenesserkragt zu Harlem, vor welcher bey einer Brauerey viele Knechte Bierfässer auf ein Schiff laden. Dieses Gemälde, in welchem die Perspectiv vorzüglich zu loben, ist eines der besten von diesen Meister.

M. Bemmel, auf Holz 1650. Eine Landschaft mit Vieh: zur Rechten eine Brücke über einem stillen Wasser, wo zween Bauern bey Sonnen Aufgang fischen.

Peter de Hooghe. H. 21. Z. Br. 23. Z. Leinw. auf Holz. Dieses kostbare Stück stellet zwey Zimmer vor. In dem vorderen siehet man eine Frau vor ihrem Bette sitzend, welche ihrem Kinde die Haare kämmt. Die Zufälle des Lichts von der Sonne sind vortreflich ausgedrückt; nie hat ein Künstler die Natur in diesem Punkt besser nachgeahmt, und dieses Gemälde wird für das Meisterstück von P. de Hooghe gehalten.

Hans Holbein. Ein Gemälde auf zween Flügeln. Auf einer Seite eine alte Frau mit einem jungen Manne; auf der andern ein Alter mit einem Mädchen. Dieses Stück ist unter dem Namen Amor vincit omnia bekannt.

Hans Holbein. II. Das Porträt von Amerbach. III. Das Porträt einer alten Frau.

Melchior Hondekoeter. I H. 31 Z. Br. 26 und einen halben Z. auf Leinw. Ein todter Haase hängt mit den Vorderpfoten an einer Jagdflinte, und über dem Haasen ein Fasan und ein Rebhun. Dabey noch einiges andere zur Jagd Gehörendes.

Melch. Hondekoeter. II H. 40 Z. Br. 47 und einen halben Z. auf Leinw. Eine Landschaft mit Hähnen und Hünern; Enten

an

ben bemühet ist. Auf derselben Seite ziehen zween Schiffer ein Fischergarn aus dem Wasser, und ein Herr siehet ihnen zu. Die Strahlen der aufgehenden Sonne, welche zwischen den Bäumen durchschimmern, machen eine überaus angenehme Wirkung.

J. Maur. Quinkard. H. 9 und einen halben Z. Br. 8 Z. auf Holz. Die Abspulerin, (la dévideuse): auf einem Stuhle sitzend, mit der Brille auf der Nase; sie ist durch das, unter dem Namen der Mutter des Gerh. Dow von J. G. Wille gestochene Blatt bekannt.

Rembrand. I. H. 18 Z. Br. 26 Z. auf Holz. 1638. stellet die h. Jungfrau mit dem Kinde, nebst den Evangelisten St. Lucas und St. Marcus und mehreren andern Figuren, vor.

Rembrand. II. H. 26 Z. Br. 21 Z. auf Holz. Ein tiefdenkender Alter, mit einer Feder in der Hand und einem Buche vor ihm liegend.

D. Rykard (oder Rykaert) und Rubens. H. 52 Z. Br. 72 Z. auf Leinw. Ein Bacchanal mit sehr vielen Figuren.

Sarmedam. H. 33 Z. Br. 41 Z. auf Holz. Eine Kirche zu Harlem. In dem Chor siehet man sehr viele Leute in alter Spanischer Tracht.

Joh. van Son. H. 32 Z. Br. 25 Z. auf Leinw. Eine Fruchtschnur von rothen und weissen Weintrauben, Pfirsichen; Pflaumen; Erdbeeren u. a. m.

David Teniers der Sohn. H. 25 Z. Br. 34 Z. auf Holz Ein sehr schönes Stück, welches das Innere einer Bauerhütte mit vielen Nebensachen, vorstellt. Auf dem Vordergrund siehet man einen Bauer, ein junges Bauermädchen liebkosen, welches einen Kessel scheuert, und eine Alte, die auf beyde Acht giebt. Im Hintergrunde sind zwo Kühe in einem Stalle, ein Bauer, der durch eine Thür gehet, und ein Haas, der an einem Nagel hängt. Alles athmet Natur in diesem Gemälde.

Joh. Victor. H. 50 Z. Br. 57 Z. auf Leinw. Die Scheidung des Tobias von dem Engel. Jener ist in der Stellung eines Betenden; die begleitende Familie scheinet wie entzückt zu seyn; die Empfindung ist auf allen Gesichtern trefflich ausgedrückt.

Joh.

Joh. Verninx. H. 45 und einen halben Z. Br. 50 Z. auf Leinwand. Der Prospekt eines Landhauses; auf dem Vordergrund sind eine Weihe, ein Kahlhals und noch ein fremder Vogel vorgestellt; auf dem Hintergrund ein Pfau mit seinem Weibchen.

Adam Villaert. H. 15 Z. Br. 26 Z. auf Holz 1632. Ein Ufer, an welchem viele Bauern Seefische aus Fischernachen ausladen; auf dem Wasser bemerkt man noch mehrere Nachen; auch Schiffe zu drey Masten. An dem Ufer sind Felsen, auf welchen ein altes zerstörtes Schloß stehet; die Landschaft herum ist reitzend und mit Figuren und Thieren ausstaffiret.

R. de Vries. H. 31 Z. Br. 41 Z. auf Leinw. Ein Wald, in welchem ein Hirsch gejagt wird; auf dem Vordergrund ein Fluß; dieses Gemälde ist von Ph. Wouvermans ausstaffiret.

Ph. Wouvermans. H. 25 und einen halben Z. Br. 31 Z. auf Leinw. Eine angenehme Landschaft. Auf dem Vordergrund kommen zween Herren mit einer Dame von der Jagd, und ein Bedienter hinter denselben schenkt ihnen zu trinken ein. Bey ihnen sind einige Hunde, und auf der Erde liegt verschiedenes Jagdgeräthe; zur Seite zween Jäger zu Pferde, deren der eine sein Pferd in dem Bache trinken läßt; auf der andern Seite noch ein Jäger, mit Hunden.

H. Meb. Jorg. H. 25 Z. Br. 34 und einen halben Z. auf Holz. Dieses Gemälde stellet einen Pallast vor, wo die Friedensgöttin auf einem Thron sitzt; zur Rechten bespricht sich ein Wolf mit einem Lamme; zur Linken führet ein
Kind

Kind einen Löwen; weiter auf den Seiten siehet man Spieße, Fahnen, Trommeln u. s. w. auf der Erde liegen; oben erblickt man verschiedene musicalische Instrumente. Vor dem Throne bringen einige Bauern der Göttin Früchte zum Opfer, und bewaffnete Leute legen ihre Waffen ab. Im Hintergrund siehet man eine Schmiede, wo Kriegsinstrumente zu andern, dem Ackerbau dienlichen, umgeschaffen werden, und in der Ferne stellet sich das Feld und der Handel in einem blühenden Zustande dar.

Sonst hat auch Hr. Joh. Jacob Müller, Handelsmann, in Basel, nebst einer artigen Bibliothek und einem schönen Naturaliencabinet, eine kleine Gemäldes und Kupferstichsammlung. Die Gemälde sind zum Theil Familienstücke, zum Theil andere, die sehr geschätzt werden. Die Kupferstiche sind theils hinter Glas und Rahmen, theils auch nicht. Von dieser Sammlung kann ich ihnen mehr nicht sagen. Inzwischen können diese Nachrichten als ein Beytrag zu Bern, Lettres sur diff. Suj. T. I. Add. V. dienen.

B.

7.

Aus einem Schreiben von Augsburg.

— Da der in das erste Stück der Miscellaneen artist. Inhalts eingerückte Auszug eines Schreibens aus Augsburg leicht zu einem Mißverständnis Anlaß geben könnte, so wird es nöthig seyn, solchen zu berichtigen. Hr. Joh. El. Haids Ausgabe des Hedlingerischen Medaillenwerkes, wovon eine Anzeige sowohl besonders gedruckt, als auch in die Leipz. Bibl.

der sch. Wiß. ꝛc. eingerücket worden, ist nichts wenigers als ein Nachstich des von Mechelschen, sondern ein Originalwerk, welches nach den dem Künstler anvertrauten Zeichnungen des berühmten Hn. Füeßli zu Zürch, in schwarzer Kunst, und zwar so schön und fein gemacht ist, daß es dem getuschten gleichet, und noch nichts ähnliches findet. Hr. Haid, der daran schon lange gearbeitet, ehe Hrn. v. Mechels Werk herausgekommen und besondern Fleiß darauf verwendet, sucht dabey mehr Ehre, als Vortheil, und seine Arbeit, davon die Abdrücke nicht allzuzahlreich werden können, wird jener auf keine Weise schädlich seyn. Sie ist ihm daher auch nicht niedergelegt worden, und es wird auch gewiß nicht geschehen. Indessen, da es doch Leute geben könnte, die sich durch vorgedachten Auszug irre machen lassen können, dem Künstler aber zu wünschen ist, daß er bey seinen rühmlichen Bemühungen doch nicht Schaden leide, so findet man sich verbunden, vorgedachte Anzeige zurück zu nehmen, um allen daraus entstehen könnenden Nachtheil zuvor zu kommen.

8.

Todesfälle von 1779.

Berlin.

Vor einigen Monaten starb hieselbst der Kupferstecher Christian Benjamin Glasbach, der Vater, (geb. zu Magdeburg 1724.). Er hatte seine Kunst bey Buschen gelernt, war aber in derselben nicht so weit gekommen, als sein Mitschüler, der nachmalige berühmte Hofkupferstecher Schmidt, dieses schlechten Meisters ohnevachtet, gekommen ist. Es gereicht

reicht indeß zu seinem Lobe, daß er ein ungemein fleißiger Mann und zugleich der Lehrer seiner beyden noch lebenden Söhne, von welchen sich der ältere, Herr Karl Christian Glasbach, bereits auf eine beyfallswürdige Art gezeigt hat, gewesen ist. Von seinen, größtentheils für Buchhändler verfertigten Arbeiten sind mir folgende bekannt geworden:

1) Sechs Kupfertafeln zu Herrn D. und Prof. Walters Abhandlung von den trocknen Knochen. (Berlin und Stralsund 1ste Aufl. 1763. 2te Aufl. 1778. 8.)
2) Das Bildniß Friedrichs II Königs von Preussen in 4.
3) Ein Blatt auf den zu Hubertsburg 1763. geschlossenen Frieden in 4.
4) Das Bildniß des Geheimenraths Joh. Gottlieb Heineccius vor dessen Elementis Iur. civil. secund. Ordin. Institut. (Berol. 1765. 8.)
5) Ein paar Titelvignetten 1769.
6) Das Bildniß des D. Martini nach F. Reclam 1772.
7) Der Ungewittervogel (procellaria).
8) Die Vogeljagd in Norwegen.
9) Ein Brennspiegel von Pappe.
10) Das Arcuccio der Florentiner.
11) Die Gemsenjagd.
12) Diogenes und Alexander.
13) Das Murmelthier.
14) Der Zitteraal und
15) die chinesische Fischjagd.

Im ersten Jahrgang der vom sel. D. Martini herausgegebenen Mannigfaltigkeiten*). (Berlin 1770. 8.)

*) Weil der ältere Herr Glasbach unter seinem Vater gearbeitet und die meisten dieser Kupferstiche bloß mit dem Zunamen bezeich-

16) Das Bildniß des Herrn Pastor Schröters nach J. G. Schenk.
17) Eine Titelvignette.
18) Die seltsame Wassersäule.
19) Die Bewegungen verschiedener Raupen und Würmer.
20) Das Wiesel und das Hermelin, wie es im Sommer und Winter aussiehet.
21) Der Sprützfisch (Iaculator).
22) Das Elennthier und das Geweihe der Elennochsen.
23) Ein seltsamer Landkrebs.
24) Den Streithan (Avis pugnax).
25) Die wilde Entenjagd und der Fischfang der Chineser.
26) Ein Ventilator für Krankenstuben und
27) der Stör.

Im zweeten Jahrgang der Mannigfaltigkeiten (Berlin 1771. 8.)

28) Das Bildniß des ehemaligen Physikus des Ruppinischen Kreises und Praktikus zu Neuruppin, D. Bernhard Feldmann, nach einem 1738. vom Herrn von Knobelsdorf verfertigten Gemälde. 1772.
29) Die Nachtschwalbe oder der Ziegensauger (Caprimulgus).
30) Der Kasuar.

31)

bezeichnet sind: so ist es möglich, daß ich hier eins und das andere dem Vater beylege, welches eigentlich der Sohn verfertigt hat. Auf vielen von den bereits angeführten und noch anzuführenden Kupferstichen steht indeß des Vaters ganzer Name und sollt' ich etwa hie und da geirrt haben: so will ich künftighin alles wieder gut machen, wenn ich von den Kunstwerken des Herrn Karl Christian Glasbach im teutschen Künstlerlexikon, Nachricht geben werde.

31) Der Großkopf und Habichtschnabel, zwo Seeschildkröten.
32) Verschiedene Arten von Blutigeln.
33) Die Afrikanische und Karolinische Landschildkröte.
34) Die isländische heiße Springquelle.
35) Das Panzerthier mit sieben Ringen und
36) der grönländische Rehbock.

Im dritten Jahrgang der Mannigfaltigkeiten (Berlin 1772. 8.)

37) Das Bildniß des Herrn Präpositus Christian Wilhelm Haken zu Stolp.
38) Das Wasserhuhn mit den Flügelsporen.
39) Der Hammerfisch.
40) Die Kropfgans (Onocrotalus. Pelicane).
41) Der weiße Papagay mit dem Federbusch (Cacatou).
42) Das Bahamische Einhorn mit dem Tabackspfeifenfisch.
43) Der Wasserfloh mit dem Eulenschnabel und
44) Das Kanadensische Stachelschwein.

Im vierten, oder letzten Jahrgang der Mannigfaltigkeiten. (Berlin 1773. 8.)

45) Der Plan des Iardins et environs de Reinsberg und der Plan du Chateau, du Iardin et de la Ville de Reinsberg, welche beyde das zweyte und dritte Blatt in den vom Architekt Efel gezeichneten und herausgegebenen Plans et Vues du Chateau, du Iardin et de la Ville de Reinsberg (à Berlin 1773.) ausmachen.

(Die Fortsetzung folgt künftig.)

Wien.

Wien.

Am 7ten März starb in Wien Herr Anton Domanök, Direktor und Rath der dortigen k. k. vereinten Akademie der bildenden Künste, im 66sten Jahr seines Alters. Teutschland verliehrt an ihn einen der größten Künstler in erhabenen Metallarbeiten. Reichthum der Ideen, Richtigkeit und Kühnheit in der Zeichnung, das antike Einfache und Erhabene waren diesem Künstler eigen und zeigen sich in seinen Meisterstücken, die man in Frankreich, England, Spanien und Teutschland findet. Sie sind ihrer Vollkommenheit wegen fast alle in Gyps geformt, und werden allenthalben angehenden Künstlern als Muster vorgelegt. Der Tisch, den er vor einigen Jahren aus Stahl und Erzwerk für die Königin von Frankreich arbeitete, wurde von den Franzosen auf eine entscheidende Art bewundert. — Er war ein Schüler des berühmten Bildhauers, Matthäus Donner. Seine Schicksale waren, wie die Schicksale der größten Künstler, sehr unfreundlich und niederdrückend: aber sein Genie arbeitete sich durch dieselben durch, und er hatte doch das Glück, daß sein Werth nicht immer ganz verkannt blieb. Er dirigirte seit vielen Jahren die Kommerzialzeichnungs- und Graveursakademie zu Wien. Seiner Anleitung hat man sowohl viele sehr geschickte Silber- und Goldarbeiter, als auch viele andre Künstler zu verdanken. Er hinterläßt einen Sohn, der schon bey seinen Lebzeiten, nach zurückgelegten Reisen, an der Seite eines so geschickten Vaters das Lehramt vertrat.

Rom.

Am 29sten Junius starb daselbst Herr Anton Raphael Mengs, kön. span. Hofmahler, wie auch Ritter des päbstlichen Ordens vom goldenen Sporn. Er war zu Dresden

den 1728 gebohren, lernte bey seinem Vater Ismael, und gieng mit ihm 1740 nach Rom. Nach seiner Rückkunft erklärte ihn der König von Polen zum ersten Hofmahler. Darauf kehrte er wieder nach Rom, wo er sich durch Meisterstücke in so großes Ansehn setzte, daß der Pabst ihm im Jahr 1754 die Direktion der neu angelegten Akademie im Kapitol auftrug. Im J. 1760 ward er unter den ehrenvollesten Bedingungen nach Madrid berufen; gieng 1770 wieder auf einige Zeit nach Rom, kehrte 1776 wieder nach Madrid zurück, und nicht lang vor seinem Ende abermahls nach Rom. Selbst nach dem Urtheil der größten Kenner dieser Stadt war er einer der größten Maler des gegenwärtigen Jahrhunderts. Er hat verschiedene Werke unvollendet hinterlassen, besonders eine Verkündigung für den Prinzen von Asturien, die doch beynahe fertig war. — Vielleicht können wir bald nähere Nachrichten von den letzten Werken dieses großen Meisters und Anekdoten von seinem Leben ertheilen. Einsweilen kann man den Orestrio des Herrn von Scheyb darüber nachlesen.

9.

Ein Kupferstich vom Herrn Daniel Berger: Bernhard Rode, 1779. in 8.

Dieses Blatt betrifft nicht nur einen Mann, der schon längst zu den größten Künstlern unsers Zeitalters gehört und dessen Bildniß eben daher des Anschauens so würdig ist; sondern es empfiehlt sich auch durch sich selbst. Herrn Chodowiecki's 1772 verfertigtes Gemälde, nach welchem Herr Berger meisterhaft gearbeitet hat, muß ganz vortreflich gerathen

then seyn. Denn eben der tiefe in Wahrheit, Schönheit und Vollkommenheit eindringende Blick, eben die Oberherrschaft über Einbildungskraft, aber auch eben das Feuer, womit Rode seinen, von allen Seiten betrachteten, Gegenstand angreift und ihn sodann bis zur herrlichsten Darstellung verfolgt, leuchtet hier aus seinen Augen hervor. Wie ists möglich, mitten in Berlin von einem Künstler dieser Art, dessen Ruhm sehr viele der hiesigen Kirchen und Palläste predigen, nichts zu wissen, und sich bey seinem Bildniß und Namen nichts gedenken zu können? Die patriotischen Verfasser der Litteratur= und Theaterzeitung verdienen daher den größten Dank, daß sie einen Theil des hiesigen Publikums aufmerksamer auf diesen Mann gemacht und zu dem Ende die in Herrn Nikolai's Beschreibung von Berlin und Potsdam, von ihm vorkommende Nachricht haben wieder abdrucken lassen. Auch ich will einen Vorschlag thun, wie Rode denen, welchen er noch so unbekannt ist, bekannter werden kann. Man darf ja nur in die fast täglich geöfnete Marienkirche gehn und seine beyden, gleich am Eingang, befindlichen herrlichen Gemälde betrachten. Oder sollte dies noch nicht hinlänglich seyn: so wirds ja auf einige Schritte mehr nicht ankommen: da wird man den Künstler selbst, mit einem großen Theil seiner Kunstwerke umgeben und zugleich Roden den Menschenfreund finden. Dies erwähnte Bildniß ist eigentlich für die hiesige Litteratur= und Theaterzeitung verfertigt worden, es wird aber auch bey dem Verleger derselben, Herrn Weber, für 6 Groschen, besonders verkauft.

10.
Anekdoten.

Der ehemalige Graf Ernst zu Schaumburg und Holstein hatte eine Kapelle und zween Kapellmeister. Jedem der letztern gab er jährlich 1200 Thaler und zween Kapellisten eben so viel; den übrigen allen aber 1000 Thaler. Diese Besoldung wurde ihnen an einem bestimmten Tag, in seidenen Beuteln, in das Haus geschickt und sie ausserdem noch gekleidet. An den Sonn- und Festtagen gingen sie in schwarzen sammetnen, mit goldenen Galonen besetzten Kleidern; sonst aber in schönen tuchenen, mit silbernen Schnüren gezierten Kleidern. Auf ihren Hüten hatten sie weisse Federn und die Kapellmeister trugen auch goldene Ketten.

Der bekannte Liederdichter Johann Rist hatte in seiner Jugend eine sehr grosse Neigung zum Zeichnen und Malen. An einem Tage saß er eben auch und zeichnete, als sein Vater, welcher Prediger war, in das Zimmer trat und ihm solches nachdrücklich verbot. Und kaum hatte sich dieser wieder entfernt: so erschien auch der Práceptor, und schlug ihn sogar deswegen. Rist kehrte sich aber hieran nicht; sondern nahm an einem Mittwoch, als er eben Urlaub hatte, einen großen Foliobogen, gieng damit in den Garten, zeichnete seinen Vater mit Kragen und Mantel darauf und befestigte das Bild, in Abwesenheit desselben, an dessen Studirstube. Der Prediger kam zurück, sahe das Bild, und es gefiel ihm. Er rief seine Frau und den Práceptor herbey, zeigte ihnen solches und machte ihnen zugleich bekannt, daß er sich von diesem Augenblick an entschlossen habe, seine beyden Söhne, täglich eine Stunde im Zeichnen unterrichten zu lassen. Dies hatte nicht nur die Wirkung, daß in der Folge aus Rists Bruder ein

Kupferstecher wurde, sondern es war auch Risten selbst ungemein nützlich, als er sich nachgehends auf die Mathematik legte. Er hat sehr viele, besonders architektonische, Zeichnungen verfertiget, die nicht schlecht gewesen seyn müssen; Weil man die beyden Folianten, in welchen sie sich befanden und die ihm in dem Krieg genommen wurden, bey einem sehr großen General wieder fand. Auch noch als Prediger pflegt er die Malerey die alleredelste Belustigung zu nennen und war auch Willens selbst einen Traktat von der Zeichenkunst herauszugeben, welches aber unterblieb. Der damalige kaiserl. Kammerkünstler, Daniel Neuberger und der berühmte Math. Merian waren seine vertrautesten Freunde und beschenkten ihn mit ihren Kunstwerken, die ihm aber eben sowohl, als seine andere Gemälde und gegossenen und geschnitzten Bilder, von den Feinden verdorben wurden. So bald Rists Sohn des Unterrichts fähig war, mußt' er gleichfalls zeichnen lernen.

11.

Recensionen *).

Zwölf Kupfer zu des Prof. Gellerts Fabeln, von Johann Heinrich Meil, nach Daniel Chodowiecki. Berlin bey Christian Ludwig Stahlbaum. 1778. in gr. 8. (1 Rthlr. 12 Gr.)

Da das Publikum alle bis jezt vom Herrn Meil zu des sel. Gellerts Fabeln herausgegebene Blätter, mit Beyfall aufgenommen hat: so kann man hoffen, daß den gegenwär-

*) Wir werden hierin nicht über das J. 1778. zurückgehen.

wärtigen, welche nach Chodowieckischen kleinen Kalenderkupfern gestochen und folglich hier vergrössert worden sind, ein ähnliches Schicksal wiederfahren werde. Um sich von der Vortreflichkeit der Chodowieckischen Zeichnungen zu versichern, darf man nur die beyden Mädchen, aus dem ersten, und den Freygeist, aus dem zweyten Buch, etwas aufmerksam betrachten. Karoline wird gewiß einem jeden gefallen und ich will wetten, daß der, der sie hier abgebildet sieht, gleich Gellerts Freyer, bey ihr stehn bleibt, und die zwar besser geputzte, aber gezwungene Philippine, darüber vergißt. Wie grosse, unbeschreibliche Qualen der Seele, unter welchen man beynahe erliegt, vom Künstler, auf eine glückliche Art, ausgedruckt werden müssen, das kann man am Freygeist lernen. Nicht weit vom Bette desselben hat Herr Chodowiecki auch an der Wand ein Zeichen angebracht, wodurch vielleicht die Klasse von Menschen, zu welcher der Freygeist gehört hat, angedeutet werden soll. Es ist ein modisch gestutzter Hut und ein allerliebster Degen. Doch fast vergeß ich hierüber anzuzeigen, daß Herrn Meils Kupferstiche, rein, schön und von der Beschaffenheit sind, daß sie alles das, was Chodowiecki hat ausdrücken wollen, vollkommen darstellen.

Christian Friedrich Prangens, Magister der Weltweisheit und der freyen Künste, Entwurf einer Akademie der bildenden Künste. Zweeter Band. Geschichte der bildenden Künste. Halle im Magdeburgischen, zu finden in der Rengerischen Buchhandlung 1778. 499 Seiten in Oktav, ohne die Vorrede und Anzeige des Inhalts des zweeten Bandes. (20 Gr.)

Herr

Herr Magister Prange hat diese Akademie nicht nur herausgegeben, sondern er hält auch, wie ich aus den Hallischen gelehrten Zeitungen ersehe, theoretische und praktische Vorlesungen über dieselbe. Ich wünsch' ihm von Herzen Glück zu diesem Unternehmen und will hoffen, daß es seinen Vorlesungen nicht an Beyfall fehlen werde. Gegen den Plan dieses Werks hab' ich wenig, desto mehr aber gegen die Ausführung desselben einzuwenden. Vielen Abschnitten fehlt es offenbar an der erforderlichen Vollständigkeit, Richtigkeit und Präcision und einige sind so unvollständig und unbestimmt gerathen, daß es vielleicht besser gewesen wäre, Herr M. Prange hätte von den in darinn berührten Materien gar nichts erwähnt. Zum Beweiß mag die Geschichte der Formschneiderund Kupferstecherkunst und die nur anderthalb Seiten starke Geschichte der Steinschneiderkunst dienen. Die Nachricht von den jezigen Kunstakademien enthält ebenfalls viel Mangelhaftes und Chronologisch-Unrichtiges und in dem Verzeichniß der berühmtesten Künstler in der Malerey, Kupferstecher-Bildhauer- und Baukunst, ist nicht einmal immer das Geburtsjahr und noch weniger das Sterbejahr der Künstler, auf welches leztere doch, wegen ihrer Arbeiten, so viel ankomint, angegeben worden, die vornehmsten Kunstwerke derselben hätten auch angeführt, die Künstler, welche nach ihnen gearbeitet haben, fleißiger genannt und vor allen Dingen ihre Namen richtig geschrieben werden sollen. In Absicht der im zwölften Abschnitt specificirten Schriften würd' ich größtentheils eine andere Wahl getroffen haben und nicht solche Bücher, wie Jablonskys Universallexikon, welchem ich sonst in Ganzem, besonders nach der neuesten Ausgabe, seinen Werth gar nicht abspreche, den Kunstliebhabern empfohlen haben. Oft sind auch nicht alle Theile und die neuesten Ausgaben der Bücher angeführt

führt worden, z. B. bey Sprengels Handwerken und Künsten in Tabellen u. s. w. Mit dem dreyzehnten, oder lezten Abschnitt bin ich eben so wenig zufrieden, als mit den vorhergehenden. Doch wird Herr M. Prange diesen sowohl, als die erstern aus den von ihm theils schon gebrauchten, theils aber noch nicht gebrauchten Hülfsmitteln, leicht ergänzen und verbessern können. Die zwote Auflage der Geschichte der Reichsstadt Augsburg, vom jüngern Herrn von Stetten, Papillons Traité historique et pratique de la Gravure en Bois, die Schriften der Herren von Heinecke und von Murr (des leztern Beschreibung von Nürnberg und Altorf mit eingeschlossen) das Meuselsche Künstlerlexikon, Herrn Nicolai's Beschreibung von Berlin und Potsdam, und die in dieser Messe herausgekommene neue Ausgabe des allgemeinen Künstlerlexikons, wird er sehr vortheilhaft hierbey nutzen können. Ich selbst würde dem Herrn Verfasser einen guten Vorrath von Veränderungen und Zusätzen, welche sich auf Originalien und andere authentische Nachrichten gründen, mittheilen können: wenn dies dem Zweck und den Grenzen dieses Journals gemäß wäre. Sollt' ihm aber etwa bey einer zwoten Ausgabe seiner Akademie (welche nach seinem patriotischen Eifer für die Aufnahme der Künste und ihrer Geschichte und nach der von ihm bewiesenen Geschicklichkeit zu urtheilen,) gewiß vollständiger, als die gegenwärtige, gerathen wird, damit gedient seyn: so werd' ich nicht ermangeln ihm meine Beyträge, zur gehörigen Zeit, zuzusenden. Der erste Band dieses Werks, welcher die Theorie und Praxis der Künste enthält, ist schon zu Ostern 1778. erschienen und kann also hier nicht mehr angezeigt und beurtheilt werden.

Catalogue des Tableaux, des Deſſins et des Livres qui traitent de l'Art du Deſſin, de la Gallerie du feu Comte ALGAROTTI à Veniſe. 10 Bogen gr. 8.

Der Graf Bonhomme Algarotti, ein Bruder des berühmten Schriftſtellers Franz Algarotti, ſtarb den 9ten Sept. 1776. Seine einzige Tochter und Erbin, die Gräfin Algarotti Corniani, fand in deſſen hinterlaſſenen Schriften dieſes Verzeichnis ſeiner Sammlung, und da es unter ſeiner Aufſicht verfertiget worden war, und zum Drucke beſtimmt ſchiene, ſo hat ſie es um ihres würdigen und allgemein betraurten Vaters Willen zu erfüllen, drucken laſſen. Die Sammlung rühret eigentlich vom Grafen Franz Algarotti her, und es iſt bekannt, was für ein feiner Kenner der ſchönen Künſte dieſer Gelehrte war. Mit gleicher Wahl und demſelben Geſchmack hat ſie ſein Bruder, nachdem er in den Beſitz derſelben gekommen, vermehret, und ebenfalls hat er ſich befliſſen ſeiner Gallerie mehr durch die Schönheit, als durch die Menge der Stücke ein Anſehen zu geben. Die Gemälde ſind dergeſtalt ausgeſucht und gut erhalten, daß ein Kenner ſogleich den Pinſel des Meiſters erkennen muß. Keines findet man hier, wo dreiſte vorgebliche Ausbeſſerer mit ätzenden Sachen ſelbſt mit Inſtrumenten die gröſten Schönheiten ausmärzen, oder mit friſchen Farben und glänzenden Firnis unerfahrne Augen hätten täuſchen dürfen. Die Sammlung der Handzeichnungen iſt zahlreich. Aus allen Altern und aus allen Schulen ſind welche vorhanden; und die ſtrengſte Auswahl iſt bey derſelben, wie bey den Gemälden, beobachtet worden. Man hat ſogar

sogar alle diejenigen verworfen, von welchen man nicht gewiß war, ob sie Originalstücke seyn. Einige, von welchen man die Urheber nicht mit Gewisheit anzugeben wußte, hat man als von Unbekannten eingetragen; die Anzahl derselben ist gering. Bey den Gemälden und Zeichnungen, nach welchen Kupferstiche verfertiget worden, hat man dieses angezeigt. Ingleichen, wenn sie in den Werken des Grafen Franz Algarotti oder in Kunstbüchern beschrieben worden, hat man die Stellen angemerkt. Bey jedem Stück ist auch Höhe und Breite nach Pariser Maas angegeben worden. — So viel haben wir bisher aus der Vorrede zusammengezogen. Aus dem Verzeichniß selbst, in welchem viele der berühmtesten Namen vorkommen (als Guercino; Bassano; Bellino; Paul Veronese; Tintoret; Tizian; Pordenone; L. da Vinci; Andr. del Sarto; Alb. Dürer; Hont-Horst u. s. w. wollen wir uns begnügen, die Werke einiger der neuesten Meister anzuzeigen, weil diese nicht so leicht noch unter uns bekannt seyn mögen, und ihr Verdienst, nachdem die Algarottis deren Werken einen Platz in ihrer auserlesenen Sammlung gegönnt haben, nicht wohl kann bezweifelt werden.

Joh. Bapt. Crossato. Der Leichnam Christi mit Engeln u. s. w. Ein Gemälde von schöner Komposition. Hr. Füeßlin redet von diesem Maler in seinem Künstlerlexikon und in allen drey Supplementen, konnte aber von seinem Geburtsorte, Geburts- und Todesjahren nichts melden, ausgenommen daß er in dem zweyten Supplemente sagt, Joh. Bapt. Crossato habe im XVIIIten Jahrh. gelebt. Aus diesem Verzeichnis nun erfahren wir daß dieser Künstler zu Venedig im J. 1697 u. geb. ebendaselbst im J. 1756 gestorben ist. — **Donat Creti.** Das Modell auf Leinwand von dem

dem Monument des Sbaraglia auf naſſen Kalk, zu Bologna. (Vergl. Füeßli A. K. L. wie auch Suppl. I. u. III. Im I. Suppl. wird 1747 für das Todesjahr angegeben in unſerm Verz. 1749.) — Apollonio Domenichini, geb. zu Venedig 1715. von welchem zwey ſchöne Architecturſtücke vorkommen, fehlt im Füeßliniſchen Werke. — Gregorio Lazarini, geb. zu Venedig 1654. geſt. zu Villabona 1740. Vergl. A. K. L. und I. und III. Suppl. wo demnach, beſonders im I. Suppl. einiges zu ändern wäre; wir wollen aber nicht behaupten, daß ſich nicht die Venetianiſche Verfaſſer ſelbſt können geirret haben. Dieſer Meiſter wird hier in Anſehung der Zeichnung und der Farbengebung ſehr gelobt. — Joh. Andr. Lazzarini von Pesaro, noch lebend. Zwey hiſtoriſche Architecturgemälde. (Vergl. Füeßli III. Suppl. zu Ende des Artikels Greg. Lazarini.) — Caspar Lopez, der vortrefliche Blumenmaler, ſey vor kurzer Zeit zu Venedig in einem Alter von 55 Jahren geſtorben. (Nach dem A. K. L. wäre er bereits 1732 meuchelmörderiſcher Weiſe ums Leben gekommen.) — Joh. Carl Loth, geb. zu München 1632. geſt. zu Venedig 1698. (Vergl. A. K. L. und I. Suppl.) — Majotto (Dominicus) ein Venetianer, noch lebend. (Vergl. Füeßli I. und III. Suppl.) Joseph im Gefängnis. Majotto (Franciscus), des vorigen Sohn, noch lebend. (Fehlt im Füeßl. Werke.) 1 Bacchus und Ariadne und andere Figuren; ein Gemälde von ſehr ſchöner Zuſammenſetzung und vortrefliche Zeichnung und Farbengebung. 2. Eine junge Türkin. Moretti (Joseph). Ein Venetianer, noch lebend. (Hr. Füeßli hat ihn nicht). Ein ſchönes Gegenbild zu einem auch in der Algarottiſchen Gallerie befindlichen Gemälde des Cavaletto, und vollkommen in deſſelben Manier. — Novelli (Peter Anton). Ein Venetianer, noch am Leben, (kömmt im Füeßlin I. Suppl. vor).

artistischen Inhalts. 49

vor). Diana mit einem Hunde; von künstlicher Zeichnung und Malerey. — Pesci (Caspar), von Bologna, noch lebend. (Der nämliche vermuthlich, welchen Hr. F. im I. Suppl. Prosper nennt). Zwey Gemälde mit Ruinen, von welchen der Graf Franz im VI. Bande seiner Werke redt. — Pittoni (Joh. Baptista), geb. zu Venedig 1690. gest. daselbst 1767. (Vergl. A. K. L. und die 3 Suppl.) Crassus im Tempel zu Jerusalem. (Oeures d'Alg. T. VI.) — Rizzi (Sebastian), geb. zu Belluno 1659. gest. zu Venedig 1734. Historienmaler. — Rizzi (Marcus), Neffe des vorigen, geb. zu Belluno 1679. gest. zu Venedig 1729. Landschaftsmaler. (Man muß diese Künstler im Füeßlinschen Lexicon unter Ricci suchen.) — Tesi (Maurus) genannt il Maurino, geb. im Modenesischen 1730. gest. zu Bologna 1766. (Ergänze S. 1. Suppl.) Viele schöne Landschaften und Architecturstücke. Eines von diesen beschreibt Fr. Algarotti umständlich im VI. B. seiner Werke. — Tiepolo (Joh. Bapt.), der bekannte 1769. zu Madrid verstorbene Venezianer. Von ihm sind 13 Stücke in dieser Sammlung unter andern vortrefliche Copien der berühmten Gemälde des Paul Veronese, von dem Gastmal wo Magdalena Christi Füsse wäscht, zu Genua; und der Raub der Europa zu Dresden; wie auch ein Gemälde das Hr. Fr. Algarotti im VI. B. seiner Werke beschreibt. — Visentini (Anton.) ein noch lebender Venezianer, (s. A. K. L. und II. Suppl.) Zwey architectonische Gemälde mit Figuren von Zuccarelli und Tiepolo. — Zanchi (Anton.) geb. zu Este 1639. gest. uns J. 1725. (Erg. A. K. L. und III. Suppl.). Ein Kopf. Unter den Handzeichnungen, bey welchen öfters sehr berühmte Künstler genannt werden, als: Corregio, Bellino, Guercino, die Carrachi, der Parmegiano, Mich. Angelo, Raphael, Andr. del Sarto, P. di Cortona, Mar-

D tin

ein Schön u. s. w. kommen unter andern über 120 von des Grafen Franz Algarotti eigener Arbeit vor. Zugleich könnte man auch hier eine Nachlese für das Füeßlinsche Lexikon anstellen. Z. B. Algarotti (Graf Franciscus), geb. zu Venedig 1712. gest. zu Pisa 1764. (fehlt bey F.) — Bertoli (Anton), geb. zu Udine 1696. (Vergl. F. I und III. Suppl.) — Bianchi (Petrus), geb. zu Mayland 1706. (Vergl. A. K. L. und I. Suppl.) — Bianconi (Carl), von Bologna, noch lebend. (Vergl. F. III. Suppl.) — Bigari (Victorius), geb. zu Bologna 1692. gest. daselbst 1776. (Erg. A. K. L. und III. Suppl.) — Bonacina (Anton), geb. zu Venedig 1670. (Vergl. F. II. Suppl.) — Bossi (Benignus), geb. zu Crema, noch lebend. Fehlt im Füeßl. Werke und ist vermuthlich der nämliche, der in Bernoulli's Zusätzen I. B. bey Parma vorkömmt. — Sortebasso (Franciscus), geb. zu Venedig 1709. verstarb daselbst 1769. (Vergl. A. K. L. und Suppl.) — Gionima (Anton), geb. zu Venedig 1697. gest. zu Bologna 1732. (Vergl. F. I und II. Suppl.) — Graziani (Hercules) der jüngere, geb. zu Bologna 1638. starb daselbst 1765. (nach Süeßlin II. Suppl. 1761.) — Leins, ein neuerer Schwede (fehlt im Füeßl. Lexic.) — Marinetti (Anton), von Chioggia, lebend. (s. F. I. Suppl.) — Menascardi (Justinus), ein Mayländer, am Leben. (Den Hr. F. nicht hat). — Milani (Aurelianus), geb. zu Bologna 1676. (nach A. K. L. 1675.) gest. zu Rom 1749. — Mingozzi (Hieronymus Colonna), geb. zu Ferrara 1688. gest. zu Venedig 1772. (Vergl. A. K. L. und Suppl. I. II. Art. Mengozzi). — Morlaiter (Mich. Angelus), ein Venezianer, noch lebend. (Vergl. F. II. Suppl.) — Perroni (Abbé D. Joseph), ein moderner Parmesaner. (Vergl. F. II. Suppl. — Rosa (Joseph), ein neuerer Römer, (fehlt

(Fehlt bey Füeßlin). — Tadolini (Franciscus), von Bologna, ein neuerer (moderne). Hr. F. hat ihn nicht.

Von dem angehängten Bücherverzeichnis wollen wir weiter nichts sagen, als daß manche Liebhaber sowohl der Kunstgeschichte als von Kupferstichwerken, sich vieles aus demselben zu besitzen wünschen werden.

Bi.

Vite de più eccellenti Architetti e Scultori Veneziani, d. i. Biographie der vorzüglichsten Venezianischen Baumeister und Bildhauer, die um das sechszehnte Jahrhundert gelebt haben; zusammengetragen von Thomas Temanza, Baumeister und Ingenieur der Republick Venedig und Mitglied mehrerer Gesellschaften der Wissenschaften. Venedig 1778. 550 Seiten in gr. 4.

Was Vasari den Mahlern, und Karl Ridolfi (den Zaretti neuerlich fortgesetzt hat) den Venezianischen Mahlern besonders geleistet, will hier Hr. Temanza auch den Vezianischen Baumeistern und Bildhauern leisten. Er führt deren eine nicht geringe Anzahl auf, darunter auch solche, die es eben nicht zu verdienen scheinen. In der Vorrede handelt er von dem Zustand jener Künste und den Zeiten der Barbarey, ihrem Verfall und Aufkommen, und zeigt dabey viel Belesenheit und Philosophie.

Raisonnirendes Verzeichnis aller Kupfer- und Eisenstiche, so durch die geschickte Hand Albrecht Dürers selbsten verfertigt worden, ans Licht gestellt und in eine systematische Ordnung gebracht von einem Freund der schönen Wissenschaften. Frankfurt und Leipzig. In Johann Georg Fleischers Buchhandlung 1778. 2 Bogen Vorerinnerung und 4 Bogen Verzeichnis in 8. (6 Gr.)

Herr H. S. Hüsgen, den das Publikum schon aus seinen verrätherischen Briefen über Historie und Kunst kennt, macht hier seine Schätze gemeinnützig und giebt in diesen Blättern von hundert Dürerischen Originalien und unterschiedenen Kopien, welche er größtentheils selbst besitzt, Nachricht. Er hat sein Verzeichnis nach Gersaintscher Methode eingerichtet und daran wird hoffentlich keiner etwas auszusetzen haben; Raisonnirend kann man es aber nicht nennen: denn sonst hätte der Verf. gleich von No. I. an die Anordnung, Zeichnung und das Perspektivische der Dürerischen Stücke beurtheilen, über die Art und Weise, wie sie in Kupfer gestochen, oder in Eisen gegraben worden, sein Gutachten sagen und dieselben allenfalls auch mit fremden, besser gerathenen Kunstwerken ähnlichen Inhalts, z. B. des Lukas von Leiden u. s. w. vergleichen müssen. Die vorkommenden Monogrammen würd' ich auch von einem Formschneider haben schnelden lassen: denn die davon gegebne Beschreibung ist nicht immer deutlich und hinlänglich genug. Es wär' überhaupt zu wünschen, daß man mehrern Fleiß hierauf verwendete: da es allgemein bekannt ist, daß sich die Gewißheit und Ungewißheit der Kunst- und Künstlergeschichte dem größten Theil nach auf die Monogrammatik gründet. Die Schreibart des Verf. hät-

artistischen Inhalts.

se billig an unterschiedenen Orten bestimmter und schicklicher seyn sollen. Freylich ist der Stil in Schriften von der Art nicht die Hauptsache und man wird deshalb hier manches übersehn, welches man anderswo mit Recht tadeln könnte: Wenn man denn aber auch auf solche Ausdrücke als besoffen, Bratze, (S. 31.) Schindmeere (S. 57.) u. s. w. stößt, die sehr leicht mit andern gleichbedeutenden edlern Worten hätten vertauscht werden können: so dünkt mich sie beleidigen das Ohr der Liebhaber der schönen Künste zu sehr, als daß sie nicht gerügt zu werden verdienten. Sonst ist das Hüsgensche Verzeichnis immer ein schätzbarer Beytrag zur Kunstgeschichte, der wenn er mit der Zeit eine noch grössere Vollkommenheit erhalten sollte, andern ähnlichen Schriften wird zum Muster dienen können. Vorzüglich hat mir die gewissenhafte Genauigkeit gefallen, womit der Verf. die Kupferstiche zuvor beurtheilt hat, ehe er dieselben Dürern zugeschrieben. Ich glaube aber dem ohnerachtet, daß die hier angezeigten 2 Blätter alten und 27 neuen Testaments, (zu welchen 16 Blätter Passion gehören) die 16 Marienbilder, 5 Apostel, 12 Heilige, 6 Portraits und 32 sogenannte Phantasiestücke nicht so unwiedersprechlich selbsten, wie Herr Hüsgen meint, von Dürern in Kupfer gestochen, oder in Eisen gegraben worden sind. Meine Zweifelsgründe will ich dem Publikum zur andern Zeit zur beliebigen Beurtheilung vorlegen und jezt nur die einzige Bemerkung machen, daß sich Herr Hüsgen irre: wenn er in der Vorrede behauptet: Dürer habe sein Bildniß nie selbst in Kupfer gestochen. Dieses Faktum läßt sich noch am wenigsten bezwekseln und der Herr Verf. kann das erwähnte Bildniß nicht nur in Berlin bey Herrn Johann Wilhelm Meil; sondern auch an unterschiedenen andern Orten antreffen. Es ist im Jahr 1497. verfertigt und hat die Inschrift: Als ich ses vnd twintig Jar alt waß. Ich zeige zwar diesen Catalogue raisonné

D 3　　　　　　　　　ziem-

ziemlich spät an: da er mir aber erst vor kurzem zu Gesicht gekommen ist und ich nur eine Recension, nämlich die im teutschen Merkur, davon gesehen habe: so wird man mich deshalb entschuldigen.

12.

Vermischte Nachrichten.

Von der Sammlung aller Orden, die zu Paris von Monat zu Monat unter dem Titel: Recueil de tous les Costumes des Ordres religieux et militaires, avec un abrégé historique et chronologique, enrichi de notes et de planches coloriées, par Mr. I. C. Bar, herauskommt, sind bis zum December v. J. vier Lagen, jede zu zwölf Blatt Kupfer, erschienen. Sie wird fortgesetzt.

Daselbst wird auch eine Nachricht ausgegeben von einem Recueil d'estampes coloriées, réprésentant les grades, les rangs et dignités, suivant le costume de toutes les nations existantes: avec des explications historiques, et la vie abrégée des grands hommes, qui ont illustré les dignités, dont ils étoient decorés. Fol. Papier d'Hollande. Man will in diesem Werke das Ueblische eines jeden Volks von Gründung seines Staats an liefern. Die Personen sollen in Cerimonienkleidern, und diese nach den Stoffen, Stickereyen, Spitzen, Fütterungen, Besetzungen mit Steinen ec. auf das genaueste vorgestellt werden, und nicht nur was der Eigensinn der Mode in Europa, sondern auch in den übrigen Erdtheilen erfunden hat. Ein Sofi von Persien

Persien mit allen Kostbarkeiten Hindostans bekleidet, soll neben einer halb nackten Königin von Taiti oder neben einem mit Federn geschmückten Anführer der Karaiben, den angenehmsten Kontrast machen. Das Werk soll in fünf Klassen getheilt werden: 1) der Fürstenstand, 2) der geistliche, 3) der militairische, 4) der obrigkeitliche, 5) der gelehrte Stand, wohin man Universitäten und Kunstakademien rechnet. In jedem Monat erscheint eine Lage von zwölf Blättern, und in allem wird das Werk aus 36 Lagen bestehen. Die Subscribenten erhalten jede Lage für funfzehn Livres.

Der Buchhändler Stahlbaum in Berlin kündigte im Julius d. J. eine teutsche Uebersetzung von Winkelmanns Monumenti antichi inediti auf Pränumeration an. Er versichert, die Uebersetzung übernehme ein Gelehrter, der hinreichende Kenntniß der italienischen Sprache mit Kenntniß des Alterthums und der dazu nöthigen Sprachen besitze. Die Kupferstiche sollen auf das genaueste, sorgfältigste und getreuste nachgestochen werden. Die Uebersetzung erscheint unter dem Titel: Alte Denkmähler der Kunst, zuerst von Johann Winkelmann herausgegeben und erläutert, in zween Folianten, wie das Original, und mit ganz neuen Lettern gedruckt. Sie kommt in sechs Lieferungen heraus, und zwar auf folgende Art: Erste Lieferung: des ersten Theils erste Hälfte, also 40 Kupfer, und ohngefähr 12 Bogen Text. Zwote Lieferung: des ersten Theils zwote Hälfte, die übrigen 40 Kupfer und der übrige Text. Dritte Lieferung: Vorrede, Dedikation, Inhalt, vorläufige Abhandlung u. s. w. Hierbey ist mehr Text, als in den beyden ersten Lieferungen zusammen, dafür aber nur wenig Kupfer. Der zweete Band wird gleichfalls in drey Lieferungen zerfallen, wiederum nach

Maaßgabe der Kupfer. Es sind ihrer 128; also werden auf jede ohngefähr 43 kommen, nebst dem jedesmal dazu gehörigen Text. Der Pränumerationspreiß für jede Lieferung ist ein halber Louisd'or. (Folglich wird das ganze Werk drey Louisd'or kosten, da hingegen das Original für sieben Louisd'or und wohl drüber verkauft wird). Die Pränumeration geschieht so, daß man jetzt einen halben Louisd'or, beym Empfang der ersten Lieferung wieder einen auf die folgende, und so fort, bezahlt. Wer nicht pränumerirt, und das Werk nachher kaufen will, muß 25 Thlr. im Golde dafür bezahlen. Die erste Lieferung geschieht im November d. J. und die übrigen Lieferungen werden so eingetheilt, daß das ganze Werk in zwey Jahren zu Stande kommt. Alle Buchhandlungen in Teutschland nehmen Pränumeration an.

Nächstens wird auch der erste Band von des Herrn Raths Baumgärtner in Anspach vor einigen Jahren angekündigten Sammlung aller merkwürdigen Ruinen des Orients erscheinen, durch Hülfe des Buchhändlers Stahel in Würzburg. Die Subscribenten erhalten es für einen Karolin, andre hingegen um die Hälfte theurer.

Hr. Christ. Friedr. Karl Kleemann, Miniaturmahler zu Nürnberg, kündiget eine französische Uebersetzung des prächtigen Röselschen Insektenwerks und seiner eigenen Fortsetzung desselben an, die ein in dergleichen Arbeiten geübter Gelehrter verfertiget. Hr. Kleemann selbst liefert die illuminirten Kupferplatten, und vermehrt die Beschreibungen mit Zusätzen und Anmerkungen, so daß diese Uebersetzung Vorzüge vor dem Original und vor der holländischen Uebersetzung bekommen wird. Für jeden Heft, der acht Platten nebst der Beschreibung sung enthält, zahlen die Liebhaber 2 Gulden 24 Kreuzer oder 5 Livres 5 Sols. Die Lieferungen werden nicht eher angefangen, als bis sich eine hinreichende Zahl Subscribenten bey dem Herausgeber wird gemeldet haben. Andre, die nicht subscribiren, haben ein Ansehnliches für jeden Heft mehr zu zahlen.

Der ältere Herr Meil arbeitet gegenwärtig an nevrologischen Kupfern für die Berliner Akademie der Wissenschaften, die vermuthlich im März 1780 erscheinen werden.

Herr Johann Gottlieb Prestel, berühmter Mahler in Nürnberg, hat nach Art seiner wohl aufgenommenen und nach Handrissen des Praunischen Kunstkabinets verfertigten Blätter eine andre Sammlung von Handzeichnungen, die Herr Gerhard Joachim Schmidt in Hamburg besitzet, angefangen, wovon bereits die erste Suite von folgenden sechs Blättern ausgegeben wird: 1. Die bezwungenen Juden vor dem Titus Vespasianus; von Franz Bostard; mit der Feder gerissen; hoch. 2. Pabst Urban der 2te bestätiget dem heil. Robert den Cisterzienserorden; von Josepino; mit Rothstein; breit. 3. Eine Stutterey; von Phil. Wouverman; auf gelb Papier getuscht, weiß aufgehöhet; breit. 4. Ein Theil des großen Jagdstücks von Rubens, das auch in Kupfer heraus ist; schwarze Kreide, getuscht; breit. 5. Eine heil. Messe; von Jak. Vignali; auf blau Papier getuscht, weiß aufgehöhet; hoch. 6. Ein Märtyrer wird von drey Henkersknechten mit Fäusten geschlagen; von Jordaens; braun getuscht, weiß aufgehöhet; hoch. — In der Folge werden auch Blätter von Gerh. Dow, van Dyk, Netscher, Ostade, Teniers, Backhuysen, van der Velde, de Vries,

Bergheim, Poelenburg, Elzheimer, Palma, Pouſſin, le Sueur und andern vorkommen. Jede Suite koſtet 10 Guilden. Die Abdrücke werden alle auf holländiſch Papier gedruckt, und auf große Blätter mit Einfaſſungen geklebet. Der Titel iſt:

Deſſeins des meilleurs Peintres des Païs-Bas, d'Allemagne et d'Italie, du Cabinet de Mr. G. I. Schmidt à Hambourg; gravés d'après les Originaux de même grandeur par Iean Theophile Preſtel, Peintre. 1779.

Mannheim, am 6ten Jul. Letzthin hielt die hieſige Zeichnungsakademie ihre gewöhnliche Verſammlung in Gegenwart des Herrn Miniſters von Oberndorf. Die drey gewöhnlichen goldenen Preißmedaillen wurden an folgende Zeichner vertheilt: Herr Maximilian Kerkhaer, Bildhauer zu Brüſſel, erhielt die erſte; Herr Heinrich Freudweiler, Mahler zu Zürich, die zwote; und Herr Florian Grübler, Bildhauer zu Kolnitz, die dritte. Mit dieſer Feyerlichkeit endigte ſich für dieſes Jahr das Zeichnungsſtudium nach der Natur. Es geſchah in dem dazu beſtimmten großen Saal, der mit den vornehmſten und ſchönſten antiken Statuen geſchmückt iſt. Alle Mahler, ſowohl fremde als einheimiſche, haben freyen Zutritt, um ſich darinn üben zu können. — Dieſer Saal iſt eine der vorzüglichſten Merkwürdigkeiten unſrer Stadt. In keinem Lande, ſelbſt nicht in Italien, findet man eine ſo ſtarke Sammlung von gypſernen Abgüſſen alter griechiſcher und römiſcher Bildſäulen. Alles, was Rom, Neapel, Florenz und Venedig Bewunderns- und Sehenswürdiges in dieſer Art beſitzen, trift man daſelbſt an;

die

die herrliche Gruppe Laokoons mit seinen Kindern, Kastor und Pollux, Biblis und Kaunus, Niobe, den sterbenden Fechter, den vatikanischen Apollo, die mediceische Venus, den farnesischen Herkules, den Hermaphroditen u. a. m." Ferner viele vortrefliche Köpfe z. B. Alexanders des Großen, Mithridates, Homers, der Niobe, Kleopatra, einer Vestale ꝛc. Büsten von Karakalla, Nero, Sokrates, Cicero ꝛc. — Dieser schöne Saal wurde im J. 1767 durch Herrn Werschaffelt, ersten Hofbildhauer und Direktor der Zeichnungsakademie, erbauet. Er bildet ein vollkommenes Viereck von 53 Fuß, und ist auf der Nordseite ungemein hell. Er ist für die Studien junger Künstler sehr bequem eingerichtet, indem jede Figur, (selbst der große Herkules) von allen Seiten gegen das Licht gedreht werden kann.

Quedlinburg, am 7ten August. Auf Dero Verlangen ertheile ich Ewr. ꝛc. von unserm berühmten Organisten, Herrn Johann Heinrich Viktor Rose, folgende Nachricht. Er ist hier am 7ten December 1743 gebohren, und genoß von seinem noch lebenden Vater, Herrn J. G. Rose, Stadtmusikus, den ersten Unterricht in der Tonkunst bis in sein dreyzehntes Jahr. Im Jahr 1756 nahmen Ihro königl. Hoheit, die Prinzessin Amalie, unsre gnädigste Aebbtissin, ihn mit sich nach Berlin, und ließen ihn ein paar Jahre lang von den Herren Mara und Grauel auf dem Violonschell unterrichten. Im J. 1763 verließ er Berlin wieder, und kam als Musikus in Dienste bey dem regierenden Fürsten von Anhalt-Bernburg. Im J. 1767 nahm er seinen Abschied, begab sich eine Zeitlang auf Reisen, und trat bey seiner Rückkehr zu Ende desselben Jahrs, als Musikus in die Dienste des regierenden Fürsten von Anhalt-Dessau.

Im

Im J. 1772 aber wurde er von höchstgedachter Frau Aebbtissin in seine Vaterstadt als Organist an der Hauptkirche berufen, wo er noch jetzt stehet. — Er spielet zwar verschiedene Instrumente; aber am stärksten ist er auf dem Violonschell. Er besitzt nicht allein eine seltene Fertigkeit, dieses Instrument zu spielen, sondern er weiß es auch durch einen feinen Bogenstrich auf eine angenehme Art zu behandeln.

Florenz, am 20sten Jul. Jederman weiß, daß die hiesige Kunstgallerie die ansehnlichsten Schätze der Mahlerey enthält, und daß der jetzige Großherzog — ein erklärter Beschützer der schönen Künste — nicht müde wird, diese Schätze zu vermehren, und sie zum Vortheil der Kenner und Liebhaber anzuwenden. Jetzt hat man auf seinen Befehl ein Vorhaben ausgeführt, das ohne Zweifel den Beyfall des Publikums erlangen wird. Man hat nämlich die berühmtesten Gemählde in der Gallerie und im Pallast in Kupfer gestochen. Die Sammlung besteht aus 72 Blättern Imperialpapier. Die Stiche rühren von den besten Meistern her, und das Werk ist daher würdig in allen Kupferstichsammlungen aufbewahrt zu werden. Vorn steht ein prächtiges Titelkupfer, und, zum Verständniß der Sujets, hat man jedem Gemählde eine Anzeige der Zeit, wann es gemahlt worden, und der Sachen, die es vorstellet, beygefügt. Jedes Exemplar dieser treflichen Kupferstiche kostet funfzehn Gigliati.

13.

Kunstnachrichten aus Paris.

Der Bildhauer Sigisbert, hat eine Büste des Königs von Preußen, von 1764, in Kalkstein verfertigt. Bey Porent, Bildhauer und Pensionair des Königs bewundert man ein Meisterstück von Holz, wozu dem Künstler ein Zufall die Veranlassung gab. Er traf auf einem Spaziergange an einem Eichenast, ein Nest mit dem brütenden Vogel an; er nahm's, und that's in einen Käfig, aber nach einigen Stunden, fand er die Mutter tod neben dem zerbrochenen Ey liegen. Das Ganze ist aus Einem einzigen Stücke Holz geschnitzt: ein Hänflingsnest an einem Eichenaste, mit den Eyern; neben dem Neste, der todte Vogel, und das herausgefallene, zerbrochene Ey; in dem man dem Embryo des jungen Vogels, der sich zu entwickeln anfing, unterscheidet.

Ein andrer Bildhauer Rosset de St. Claude, hat in einem Basrelief, eine von den edlen Handlungen des verstorbenen Voltaire, zum Gegenstand seiner Arbeit gewählt. Voltaire sitzt, im freyen Felde, mit einem Buche in der Hand, am Fuße eines Baums: vor ihm steht eine Familie, Mann, Frau und einige Kinder; der Antheil und das Mitleid, das in dem Gesichte des großen Weltweisen herrscht, und das flehende, betrübte Wesen der andern, verrathen, daß es Unglücksfälle sind, die man ihm erzählt, und daß er sie zu lindern sinnt, die Geschichte davon ist folgende. Voltaire stieß auf einem Spaziergange auf eine umherirrende Familie, der man Verlegenheit und Kummer ansah. Er redete sie an, und erfuhr, daß sie wegen einer Processchuld von 4000 Franken, aus ihrem Pacht gestoßen worden wären,

wären, und nun in der Irre umher wandern mußten. Sogleich ließ er sie mit sich umwenden, und bezahlte die 4000 Franken. — Die Arbeit ist fürtreflich!

Von unserm Wille hat man ein Gemälde, 30 Zoll hoch und 24 Z. breit, an dem man sowohl den Geist, die Feinheit und das angenehme der Figur, als auch das Schöne der Draperie bewundern muß: es ist eine Dame, auf ihrem Sopha, in Atlaß gekleidet, die in ihrer Hand ein Portrait hält, und ihm Küsse zuwirft.

Von dem, im Jahre 1774 verstorbenen, Präsidenten des Conseil superieur von Corsica, Herrn du Tressan, hat der Kupferstecher Romanet, eine ungemein ähnliche Zeichnung geliefert. Der Tod dieses Herrn wurde allgemein bedauert, und seine strenge Rechtschaffenheit und Gerechtigkeitsliebe, machten ihn unvergeßlich. Selbst die misvergnügten, in den Gebirgen und Wäldern versteckte Corsen, vor denen jederman zitterte, gewannen ihn so lieb, daß sie ihm versichern ließen er habe nie das geringste von ihnen zu befürchten, und sie würden ihm sichere Begleiter und Wegweiser geben, wenn er die Insel durchreisen wollte.

Es giebt wenig Gemälde von dem Ausdrucke (in seiner Art) wie folgendes von Schneyders, 28 Z. hoch und 33 breit: Ein Hund auf dessen Rücken eine Mauer eingestürzt ist.

Philipp Hadert, ein Teutscher, von dessen Hand alle die Gemälde des letztern rußischen Türkenkriegs, für die Kaiserin von Rußland, sind, hat für das Kabinet des Grafen d'Orsay, das Gemälde eines brennenden, auffliegenden Schiffs kopirt. Damit die Vorstellung der Natur recht treu entspre-

chen

chen mögte, ließ, wie bekannt, zum Behuf des Malers, der Graf Orlov in Livorno, ein Schiff wirklich in die Luft sprengen. Das Gemälde das gegenwärtigen zum Urbild diente, wurde damals zu Livorno gearbeitet, und nach Petersburg geschickt, um der Kaiserin einen Begriff von der Verbrennung der türkischen Flotte zu machen.

Houdon hat mit der ihm eigenen Trefflichkeit eine Diana von Marmor, für den Herzog von Gotha gearbeitet. Sie wird den Tempel zieren, den dieser Prinz nach dem Muster eines alten aufgefundenen griechischen Tempels, in seinem englischen Garten aufführen lassen. Ganz Paris ist entzückt von der Schönheit dieser Houdonschen Diana; man sagt, es mangle ihr nichts, als nicht in den Ruinen des alten Ephesus gefunden zu seyn.

K—b.

13.

Anzeige.

Wir benutzen eine günstige Gelegenheit eine Nachricht dem Publiko von demjenigen Kupferstich zu ertheilen, dessen Anblick uns sowohl gegen das Urbild, welches es vorstellt, als gegen die Künstler, deren geschickte Fleiß wie dieses Blat von ausnehmender Güte und Schönheit zu verdanken habe — Es ist solches das Bildniß des Feldmarschall Lascy — Der große Mann wird en Medaillon in seiner Uniform geschmückt mit dem Orden des goldenen Vlieses und dem Groß Creutz des Theresien Ordens vorgestellt — Zur Umschrift lieset

set man Mauritius Comes à Lacy, Auſtriae Supremus Belli Dux — Oben ſiehet man Lorbeerzweige wohl angebracht, die mit einer Bandſchleife zierlich verbunden, welche ein Adler in ſeinen Schnabel hält, und mit Hülfe ſeiner Klauen ſich nicht entziehen zu laſſen, tapfer zu ſtreiten ſcheint — Unten erſcheint ein Stück eines zierlichen Ehrenmonuments, welches durch die lange Zeit bereits beſchädiget, mit der Schrift Populares Vincentem Strepitus, et Natum Rebus Agendis Horat. — Auf beyden Seiten lieſt man C. Kollonitſch Fec. 1776. I. E. Mansfeld ſc. — Das ganze, iſt meiſterhaft und ſehr fürtreflich, und eine Erſcheinung, die Teutſchland Ehre macht — Nacheben dieſer fürtrefl. Abzeichnung hat der geſchickte Künſtler Hilpert in Nürnberg mit zierlicher Einfaſſung die Abgüſſe von ſeiner Kompoſition gleich ähnlich, glücklich zu Stande gebracht, welche durch die Mahlerey ſo dabey angebracht, das Auge des Kenners und Liebhabers gleich vergnüget, und jede Stelle, wo man ſolches aufhänget oder anheftet, wohl zieret.